A ESPERANÇA A GENTE PLANTA

Alexandre Coimbra Amaral

A ESPERANÇA A GENTE PLANTA

PAIDÓS

Copyright © Alexandre Coimbra Amaral, 2025
Copyright © Editora Planeta do Brasil, 2025
Todos os direitos reservados.

Preparação: Ligia Alves
Revisão: Ana Laura Valerio e Fernanda França
Projeto gráfico e diagramação: Renata Zucchini
Capa: Filipa Damião Pinto (@filipa_) | Estúdio Foresti Design

Dados Internacionais de Catalogação na Publicação (CIP)
Angélica Ilacqua CRB-8/7057

Coimbra, Alexandre
  A esperança a gente planta / Alexandre Coimbra
- São Paulo : Planeta do Brasil, 2025.
  192 p.

Bibliografia
ISBN 978-85-422-3018-5

1. Psicologia 2. Emoções 3. Esperança I. Título

24-5366   CDD 158.1

Índice para catálogo sistemático:
1. Psicologia

Ao escolher este livro, você está apoiando o manejo responsável das florestas do mundo e de outras fontes controladas

Acreditamos nos livros

Este livro foi composto em Zilla Slab e Semplicita e impresso pela Lis Gráfica para a Editora Planeta do Brasil em dezembro de 2024.

2025
Todos os direitos desta edição reservados à
Editora Planeta do Brasil Ltda.
Rua Bela Cintra, 986 – 4º andar
01415-002 – Consolação – São Paulo-SP
www.planetadelivros.com.br
faleconosco@editoraplaneta.com.br

*Para meus amigos indígenas,
que insistem em esperançar a vida –
apesar dos incontáveis desalentos
que são obrigados a viver:
Ubiraci Pataxó, Sued Potiguara,
Ramon Ytajibá Tupinambá,
Nádia Akawã Tupinambá,
David Guarani e Tukumã Pataxó.
Dedico este livro especialmente
para duas de minhas referências
mais gigantes na arte de sentir,
pensar e falar sobre o tipo de vida
que pode ser finalmente
produtora de Esperança:
Ailton Krenak e Geni Núñez.*

Neste livro, **desesperança**

e **Esperança,**

A forma de reescrever a vida

se escreve com minúscula,

com maiúscula.

importa tanto quanto a vida mesma.

sumário

13 PREFÁCIO, por Tati Fávaro

17 INTRODUÇÃO

27 Fase Zero • Desalento

29 Capítulo 1 • A desesperança que se instala no cotidiano

37 Capítulo 2 • Antes de esperançar, escute suas desesperanças
 É PRECISO ESCUTAR A DOR DO OUTRO
 SUA DOR TAMBÉM TEM VOZ

45 Capítulo 3 • Atravessar a dor não porque é redentor, mas porque é inevitável
 NÃO SUPERE ANTES DE SENTIR
 UM APRENDIZADO QUE NÃO SE FAZ SOZINHO

53 Capítulo 4 • As três vozes do jardim da minha Esperança
 A VIDA NA EMBOCADURA DA PALAVRA
 UMA CADEIRA POSTA PARA VOCÊ
 REFUGIADOS, MAS NÃO SOZINHOS

65 Fase Um • Terra Seca

67 Capítulo 5 • O menino em mim que conheceu as fendas da Terra Seca

71 Capítulo 6 • A Terra Seca pede tempo para senti-la
   TODA DOR MERECE ESPAÇO

77 Capítulo 7 • A Terra Seca imobiliza, e a saída não está totalmente dentro de você
   NÃO SOMOS OS ÚNICOS
   COMPANHIA NO REFÚGIO

85 Capítulo 8 • Não se sai sozinho da Terra Seca
   TECENDO SUA REDE
   CONVERSAR PARA ENCONTRAR O FIO
   ATÉ O SILÊNCIO É CONVERSA

93 Fase Dois • Terra Úmida

95 Capítulo 9 • Toda quase morte é o maior motivo para os afetos ganharem ainda mais força

99 Capítulo 10 • O acolhimento é a força que une mais de dois lados
   NÃO É PRECISO ESTAR PRONTO
   O "ESCUTAR BONITO"
   MÃOS DADAS QUE POTENCIALIZAM
   MESMO QUE SEJA NA ARIDEZ

107 Capítulo 11 • Envolvimento é o contrário de solidão e é a água de fazer destinos
    FRESTAS DE LUZ
    AFETO, O ALIMENTO MAIS POTENTE

115 Capítulo 12 • A brincadeira é um dos rebentos desse tal caminhar
    MEMÓRIA VIVA E PULSANTE

121 Capítulo 13 • Em meio à Terra Úmida, a Terra Seca pode estar bem perto
    NÃO ESPERE LINHAS RETAS
    REVISITE O QUE JÁ FEZ

127 Fase Três • Broto

129 Capítulo 14 • O tempo para quando o amor resolve passar

133 Capítulo 15 • O estado de encantamento pela vida começa a retornar
    QUANDO O CÉU VOLTA A EXISTIR

139 Capítulo 16 • Cuidar do broto de Esperança, para ele remanescer
    O VALOR DA RAIVA
    UM MOTOR DA BOA LUTA

147 Capítulo 17 • O broto é palavra, e conta histórias sobre o peito de onde ele nasce
    TANTAS HISTÓRIAS FÉRTEIS

155 **Fase Quatro • Flor e Fruto**

157 Capítulo 18 • A palavra é minha roupa de ir pro mundo

161 Capítulo 19 • Nada se desperdiça em uma história de vida
　　　ATÉ O DESALENTO TEM COR
　　　ESPECIALISTAS EM VIDA

167 Capítulo 20 • Ser beleza e nutrição transforma a estrada em círculo virtuoso
　　　O PODER QUE DESAPRENDE A GRITAR
　　　SEJA A BELEZA E O ALIMENTO
　　　O MEDO QUE AFASTA

175 Capítulo 21 • Um fim que brota inícios

181 Uma carta que brota ao final

187 POSFÁCIO, por Ubiraci Pataxó

190 REFERÊNCIAS

prefácio

Como é possível a gente ler um livro – aparentemente algo que fala com a gente – e se sentir escutado, minuciosamente observado?

É essa a sensação que A *Esperança a gente planta*, novo livro do psicólogo, escritor, palestrante e podcaster Alexandre Coimbra Amaral provoca a princípio. Isso porque essa sensação é só uma de muitas que você terá ao adentrar neste universo, construído a partir de três referências colossais do autor, presentes nos trechos da caminhada – arrisco a dizer, terapêutica – desta leitura: Paulo Freire, Ailton Krenak e Milton Nascimento.

Não, não espere citações aleatórias dos autores conectando ideias do escritor. Nada com Alexandre fica na superfície. Além de alinhavar – como quem tece um bordado – um diálogo entre o desalento e a própria Esperança, o livro é um banquete de acepipes literários raros que tangem outras dimensões: aquelas que conversam com a alma da gente. Em um texto que remete ao palco e, ao mesmo tempo, às nossas sombras e luzes, a lucidez necessária de Alexandre desnuda a urgência em termos e oferece escuta para o sofrimento: inerente à nossa existência, mas tão evitado nos dias atuais, quase sem critério, de modo que promovemos soluções rápidas para silenciarmos o que, na verdade, só está pedindo espaço, passagem... ar.

A *Esperança a gente planta* é aquele aval que alguns de nós buscamos para dar tempo para escutar o que dói. Só assim nos sentiremos menos diabólicos ao entender que parte de nós é raiva, tristeza, angústia, saudade, ciúme, inveja. E que essas emoções, quando vistas, validadas, vão ficando apenas do tamanho que são: o tamanho do que é humano. Deixemos de alimentar a danada da desesperança que, ora com crueldade, ora com uma delicadeza sorrateira retratada na obra, nos faz perder o entusiasmo, a capacidade de sentir os pequenos prazeres da vida e de enxergar a beleza que brota do caos.

O livro vem amarrar o que Alexandre trouxe em duas de suas publicações anteriores, *A exaustão no topo da montanha* e *Toda ansiedade merece um abraço*: mostrar que o secar da Esperança (sempre escrita em letra maiúscula porque, segundo o autor, "a forma de reescrever a vida importa tanto quanto a vida mesma") pode ser fruto do esgotamento e da ansiedade crônica provocados pela avalanche de informações e afazeres do mundo contemporâneo.

Gestado na psicologia clínica do mestrado no Chile, na experiência de campo com indivíduos, casais e famílias – que o catapultou para os palcos como palestrante, e para a TV na Globo e em outros canais como comentarista –, Xande, como é chamado pelos amigos, nasceu como escritor em meio à pandemia, com seu primeiro livro, o *Cartas de um terapeuta para seus momentos de crise*, hoje também título de um dos podcasts mais ouvidos do Brasil.

A *Esperança a gente planta* vem como o metal raro que cola os caquinhos no *kintsugi*, a arte japonesa de recuperar cerâmicas quebradas com uma mistura de cola e pó de platina, prata ou ouro. Não se preocupe com tudo aquilo que te faz desesperançar; deite-se na cama ou na rede; faça a mesa, passe um café ou um chá; e não corra para começar e terminar o livro de uma vez, pois, reitero: o livro é um banquete, que como tal, é para ser degustado. Então vá devagar, no tempo da delicadeza, afinal, a própria desesperança confessa, na obra, que ela morre em espaços de respiro.

Permitir-se plantar a Esperança e ler Alexandre Coimbra Amaral nesta obra é mais que simplesmente ler mais um livro excelente na sua lista de bom leitor. É aceitar um convite para adentrar na mata emaranhada de pensamentos e sentimentos, onde moram também nossos mais sábios mestres e humildes aprendizes. É mergulhar com curiosidade genuína naquilo que te impede de caminhar. É pisar no salão para aquela dança entre o que foi, o que é e o que virá a ser.

Tati Fávaro
Jornalista e doula

introdução

Eu escrevo livros para fazerem companhia aos momentos da vida. Imagino a literatura como uma presença intensa, como ela sempre foi para mim, desde que aprendi a ler, quando as palavras escritas passaram a conversar comigo com impacto semelhante à textura da voz de alguém querido. Minha decisão de ser escritor é a de continuar esse fluxo irradiando a energia do encontro, dando passos junto com quem me lê.

A *Esperança a gente planta* é um livro que quer caminhar junto de você. Enquanto você estiver com ele em mãos, se sentirá ao meu lado – e eu ao seu – fazendo uma jornada, do desalento à Esperança. Existir é caminhar o tempo inteiro, ainda que cansados, ainda que desistentes por tantas vezes. Mas essa caminhada não precisa ser solitária. As páginas a seguir são solidárias, agradecendo sua confiança para percorrermos palavras, histórias, sonhos, cicatrizes, vazios, dores e suspiros, sem minimizar a força e a importância de nenhuma delas. Tudo junto e misturado, dentro do seu coração: é assim que vamos começar.

O tom da escrita é o da delicadeza, a marca da minha prática como psicólogo em tudo o que faço. O livro começa e termina com cartas para você, enviadas por sentimentos que fazem a abertura e o fechamento desta andança. Esses sentimentos vão se apresentar aos poucos, e assim mesmo se convide a conversar com eles e sentir o que lhe provocam. Se você for de anotações, tome um caderno e vá fazendo o histórico do que você vai sentindo enquanto lê, o que pode te dar boas percepções sobre como faz essas viagens que partem de momentos de grande desgaste e rumam em direção à abertura de novos rumos.

Em algumas partes desse percurso, deixarei outras perguntas, a título de sugestão, e que podem ser um instrumento a mais para você se apropriar ainda mais dos conceitos que vamos discutindo ao longo das páginas. Este livro é uma conversa contínua com você e sua história inteira. A capacidade de voltar à própria história, com a possibilidade de recontá-la a partir de pontos de vista novos, é o mesmo que esperançar. Todas as vezes que houver perguntas como essas, aproveite para refletir em sua história.

Ao longo dos capítulos, eu apresento uma proposta para o caminho do esperançar, um rascunho, e que vai ter seu contorno delineado por quem você é. Não é uma fórmula, mas um apontamento de um caminho que deve ter a sua cara, o seu jeito, a sua identidade. Um dos fundamentos de se conquistar Esperança na vida é sustentar quem se é, apesar do mundo à sua volta não necessariamente reconhecer toda a sua beleza humana.

E também falarei de mim, como nunca falei publicamente até escrever as palavras deste livro. Quero que você sinta que eu estou realmente ao seu lado, humano e falível, frágil, sonhador, vitorioso e com cicatrizes que ainda doem. Conto algumas histórias minhas para que você entenda como eu criei essa jornada, e como ela também tem correlação com a pessoa que sou. Eu desacredito na neutralidade científica, e para construir um caminhar ao seu lado, preciso que você me sinta com a honestidade do que eu tenho para te oferecer como companhia.

Meus pés estão prontos para te seguir. Os parágrafos serão os passos, ritmados ao seu coração e às suas possibilidades. Pare quando quiser, e retome a leitura na certeza de minha permanência incontestável. Quando nos encontrarmos pessoalmente ou quando me escrever uma carta falando do livro, quererei saber de suas impressões e de que maneira única a Jornada da Esperança te fez sentido. O livro é só a partida de mais um de nossos caminhos cruzados. Prefiro pensar, como Nêgo Bispo me ensinou, que somos o começo, o meio e o começo. Este livro é um pedaço desse "meio". Os começos que vêm antes e depois dele são feitos pelas linhas do tempo que nos fiam, fazendo cada passo nosso virar história.

Boa leitura!

Um abraço para quem é de abraço
e um beijo para quem é de beijo.
Xande

Oi.

Eu sei que não está tudo bem.

Eu sinto você preso num quarto escuro, com um cobertor que nem chega a amparar totalmente o seu corpo. Sinto você desconfortável consigo, com a temperatura do mundo, com o coração partido e em estado de vazio sobre como sair desse quarto.

O quarto em que você está é a minha morada.

Na verdade, quando eu chego você se sente cada vez mais distante do prazer. Talvez eu devesse me apresentar logo, mas fui tomada pelo mau costume de já sair falando de mim. Eu posso inclusive subtrair sua energia até os mínimos hábitos de convivência. Afinal, quando eu apareço com frequência, você perde o entusiasmo de encontrar gente e de se relacionar com aquele sorriso básico que lhe diga: "E aí, qual é a boa nova da sua vida?".

O quarto escuro é muito mais do que um pedaço de sombra. A luz está lá fora, o sol pode estar a pino, você pode estar até na praia, queimando a pele e escutando o mar fazer o seu ritmado movimento de acreditar no eterno retorno. Mas há algo entre o coração e a alma que se blindou de janelas. Muros foram erguidos como certezas de que não há mais saída. Quando eu chego, trago convicções difíceis de serem abaladas. Eu sou uma certeza em você, eu te remeto a um mantra maldito, eu te convoco à repetição mais inesgotável.

Os labirintos costumam ser espaços.

Eu sou um labirinto em forma de tempo.

Porque você tenta, eu vejo que você tenta. Você escorre os dedos pela tela do celular, e há sorrisos inúmeros te esperando. Fotos esverdeadas de jardim, esbranquiçadas nos dentes e com peles sem poros ou rugas. Tudo parece perfeito para esses outros que habitam suas redes. Você, a cada momento, vai confirmando que é a representação da pessoa imperfeita e sem alternativa.

Aí você vai escutar um podcast. As notícias não são as melhores. O mundo caminha a passos largos para a autodestruição, você pensa. Os homens que exercem seus podres poderes estão desdenhando dos sinais de fim dos tempos. Na sua cabeça, você está pisando o tempo dos prenúncios do apocalipse. Quanto mais as pessoas tentam demover o poder daquilo que ele não deveria mandar acontecer, mais ele parece querer que aconteça.

De tanto ler sobre essa pulsão de morte iminente, ela vai escorrendo insidiosamente até você – e te atinge, porque sua pele é porosa demais a mim. Eu sou um ácido que penetra subcutaneamente, chegando nas profundezas de tudo.

Porque nada vai dando certo, você decide sair de casa e encontrar uns amigos. Liga para um ou para o outro, e eis que no encontro eles também repetem parte daquilo que você sente. Há histórias de rompimentos familiares, de amizades que não conseguem mais ser vividas porque as interseções foram perdidas.

Lágrimas podem até não aparecer neles, mas você é capaz de sentir o choro que o rosto insiste em não mostrar. Eu não preciso de lágrimas, porque posso até secá-las como forma de você entender minha força. Eu sou o contrário do amor, eu sou irmã da indiferença, eu sou amargura e raiva condensadas ao seu dispor.

Quando eu chego e você nem me nota, vou me aconchegando aos seus sossegos. Encontro sua paz de espírito e me sento no trono dela, mas você ainda nem me sentiu. Eu vou te acompanhando dia a dia, e vejo você insistindo em determinar saídas fáceis para problemas complexos. Também vejo aquelas horas em que você consegue, sim, vencer minha imponência e me colocar na impotência. Mas prefiro não falar disso agora, porque quero dar a você o direito de, finalmente, saber quem sou.

Quanto mais você me nega, mais eu cresço. Desacredite nessas bobagens de positividade tóxica, de conteúdo motivacional de redes sociais, de frases de efeito que nada fazem por você. A vida é muito mais severa e rígida, os dias são mesmo acelerados e os boletos chegam. Os sonhos envelhecem, o tempo passa, os seus cansaços somente se acumulam. Não é possível lidar com tudo isso com uma simples mensagem de "pense positivo e gratiluz, que tudo vai mudar". Minha gargalhada é um terremoto na sua inocência quando esse tipo de mensagem é dita por você como se adiantasse alguma coisa.

Eu cresço porque você é suscetível. Eu me movo pelo mundo porque as histórias que você mais gosta de escutar são as tretas. O conflito é o que te interessa: na fofoca, na novela, na política, na economia, na guerra, na devastação da natureza. Você tem essa morbidez curiosa, de querer saber quão mal a humanidade pode estar. A sua curiosidade é o meu alimento, a sua abertura de alma e coração é o tapete vermelho por onde cruzo imponente diante do seu cotidiano.

Eu sou enorme. Eu sou maior ainda quanto mais você me dá valor.

Há um tanto de mim que não é fato, mas opinião ou mentira. Eu sou a mãe da mentira que destrói mundos. Eu sou um microfone que amplifica a tragédia. Não sou tudo o que dizem de mim, mas sou muito do que inventam. Se quiser lidar comigo, entenda que tudo pode ser sobretudo menor do que se sente.

Minha fragilidade são as frestas. Eu morro nos espaços de respiro. Quando você se dá tempo para sentir a vida, eu também deixo de agir. Eu não consigo ser maior do que a sua insistência em produzir vida. Eu posso morrer quando você se dispuser a caminhar.

Não é qualquer caminhada, mas há algumas que são o meu funeral. Se você sair desse quarto escuro, verá que eu não sou um lugar. Eu sou um labirinto do tempo, e é hora de você me desafiar.

Eu hoje vim aqui para te testar, porque, depois de tanto vencer o jogo, também quero ser desafiada. Gosto de lances emocionantes. Eu sou avessa à mesmice. Se eu sou destruição, que seja também o fim do previsível beco sem saída.

Eu te desafio a caminhar. Quanto mais seus pés seguirem adiante, mais eu vou esfarelar. Hoje, eu te desafio a perder o medo de vencer o fim que ainda nem chegou.

Porque você, ao contrário, tem a autoria de alguma possível invenção.

Muito prazer, eu sou a **desesperança**.

Durmo e desdurmo. [...]
Passo tempos, passo silêncios,
mundos sem forma passam por mim.

Fernando Pessoa, "Durmo e desdurmo"

fase zero
desalento

capítulo 1
a desesperança que se instala no cotidiano

De vez em quando Deus me tira a poesia.
Olho pedra, vejo pedra mesmo.
O mundo, cheio de departamentos,
não é a bola bonita caminhando solta no espaço.
Eu fico feia, olhando espelhos com provocação,
batendo a escova com força nos cabelos,
sujeita à crença em presságios.
Viro péssima cristã.

Adélia Prado, "Paixão"

É muito menos do que um dia qualquer. Desperto com algum lembrete sonoro de organizar o café da manhã das "crianças" – esse nome fictício para os adolescentes que insistem em crescer cabeça, tronco, pernas, voz e alma, o que muito me anima, mas também me provoca saudade e suspiro ao mesmo tempo. Entre a fervura do café e algum pedido ordinário de um dos filhos, insisto naquilo que sei que faz mal: tomar o celular nas mãos, como se inócuo esse movimento fosse, e começar a ler as notícias.

As guerras que os portais decidem contar avançam, inclementes. Há outras inúmeras batalhas, com ou sem o nome de guerra, acontecendo por perto e ao longe. Nessas, naquela hora, eu nem penso, confesso, embora saiba de suas existências purulentas no meio das ruas do país e do mundo de que não se fala. O dedo nervoso na tela do celular continua a ler aquilo em que meus olhos já não podem crer. As notícias todas fadam minha extrema alvorada à condição de vã testemunha da destruição do mundo. O que o celular me contava é que o fim já está entre nós.

O café, enfim, me salva – rapidamente demais para ser eficaz – daquilo tudo. Mas era com o que eu contava para descansar o coração. Verto o líquido sagrado na caneca, em doses mineiras de esquentar meu silêncio frio. Um dos filhos chega, toma assento, come enfim a tapioca que quase perdia sua crocância para o tempo de espera. Começamos a falar amenidades, ele ainda molinho, acordando o corpo aos poucos. Deita a cabeça no meu ombro, diz que me ama, assim do nada. Tenho a sorte de ter filhos que aprenderam a falar do seu amor conosco sem que isso seja reação a um fato objetivo. O amor bem-dito me emociona, e eu fico ali naquele abraço por mais um tempo.

Eles vão para a escola, eu começo meu dia de trabalho: pacientes, palestras, reuniões on-line para combinar novas atividades. Em todas essas frestas de vida no tempo, há um tom acinzentado nos olhares. Não necessariamente uma negação do encontro, mas uma pressa que também comunica um desalento. Em alguns dos meus interlocutores, sinto uma alegria forçosa, como quem se obriga a ser motivador em meio ao caos.

O dia vai passando, em meio a boas histórias, belos encontros reais e virtuais, notícias que me animam sobre as pessoas que considero. Há, inclusive, cartas para o meu podcast, com histórias que me emocionam. Mas, enquanto o dia empurra os ponteiros do relógio para encontrar a lua lá fora, o corpo vai decaindo. As emoções não seguem um curso menos opressivo. O decaimento é o mesmo de ontem, ou da semana passada. Há um acúmulo insidioso de histórias que desanimam e vão tocando a pele com alguma amargura.

E olha que eu tenho uma vida muito, muito boa. Sou um homem branco privilegiado e, para além disso, ainda sou um sujeito de sorte: ano passado eu nem morri, veja só. Sou muito grato pelos afetos que consegui ter ao meu lado, pela carreira bem-sucedida, pelas profissões que amo e pelos abraços que me chegam diante das minhas ansiedades de existir. Embora tudo isso seja verdade, sinto um desalento consecutivo. Algo opera em mim num ritmo diferente da chegada de uma doença mental. Porque é como se o desânimo fosse chegando para ficar, como quem se apossa da paz de espírito feito um novo inquilino que já quer comprar a casa definitivamente.

A desesperança é uma visitante que parece proprietária de um terreno em que antes havia uma brecha para o sorriso. A escuridão sabe nascer aos poucos. Ela vem sorrateira, oferecendo faíscas de luz como alternativas aos inevitáveis momentos sombrios. Não é de hoje a sensação de que a vida anda mais difícil.

*

Eu começo este livro contando um pouco de mim, em um dia mais que rotineiro, para que você possa também pensar na sua vida. A desesperança e a Esperança têm a ver necessariamente com rotina, e não com algo extraordinário.

É claro que o seu cotidiano é muito diferente do meu, e a ideia aqui é que essa diferença esteja sempre sendo narrada por você enquanto me lê. Ser quem somos é o que nos confere coerência; sonhar com outras possibilidades de vida é o que nos dá sentido. Pode ser que você não tenha filhos, que esteja em situação profissional diferente da minha, que esteja vivendo alguma crise forte no relacionamento com alguém da família, que esteja se sentindo em muito maior proximidade da solidão do que desejaria. Pode ser que sua situação seja estável, com um emprego que te dê salário e alguma realização, e que a maioria das pessoas à sua volta esteja bem. Pode ser até que você esteja vivendo o melhor momento de sua vida, depois de uma imensa e inédita conquista. Tudo o que vamos conversar aqui pode valer também para você, porque não precisamos partir de um dia ou de uma temporada necessariamente tormentosos.

Até nas cenas mais leves do dia o corpo tem sentido algum tipo de moleza sem explicação aparente. A desesperança parece ter se instalado entre nós como um apêndice ingrato. É uma forma de derretimento do sorriso que traz consigo as misérias culturais, sociais e políticas de nosso tempo. Eu precisei escrever este livro porque estava sentindo esses efeitos em tanta gente, mas tanta gente, que me gerou uma série de perguntas inquietantes: será que há maneira de a Esperança existir em nossos tempos? Quem puder afirmar que ela está por perto será visto como um negacionista, como um iludido, como um ingênuo? Que caminhos precisam ser trilhados para não desistir da Esperança como um farol possível?

Este livro jamais quererá te deixar respostas absolutas, porque não acredito nelas, tampouco em regras simples para problemas complexos, como tudo o que faz sofrer. Diante das durezas e belezas simultâneas da vida, sou parte dos que acreditam na palavra como a única alternativa possível de novo mundo. A fala é um modo de assumir o que está em desordem, incomodando, provocando um sofrimento de que não se foge e que não consegue ser fingido. Por isso eu terminei o parágrafo anterior com várias perguntas, e vou fazer dezenas de outras ao longo do livro.

Como quero conversar, jamais serei aquele que fala sozinho. Aqui não estamos pessoalmente, por isso a maneira que você tem de falar "comigo" é através das perguntas que lhe faço ao longo dos capítulos. Nesses questionamentos, quero conversar com você sobre o desalento e sobre a possibilidade de encontrar alguma saída para ele.

Não garanto nada, senão começaria o livro por uma mentira deslavada. Nenhum psicólogo pode garantir nenhum efeito de suas palavras, pelo simples fato de você ser uma pessoa única e que vai escutar e dar sentido ao que eu te digo de maneira absolutamente única. O que posso te assegurar é que não deixarei de pensar em você e em como você pode fazer desta leitura uma forma de recomeço possível.

Em recomeços eu acredito, mesmo imerso na imensa dor de viver. Sou testemunha disso em mim inúmeras vezes na vida – e vou dividir algumas delas com você. Mas também sou um terapeuta que, há quase três décadas, escuta dores e testemunha renascimentos em vida. Por tudo o que eu já vivi, não acredito que haja um tipo de veneno na existência humana para o qual não tenhamos nenhuma saída. Há algum exagero, talvez, na desesperança completa.

Será que há maneira
de a Esperança existir
em nossos tempos?

capítulo 2
antes de esperançar, escute suas desesperanças

A desesperança é uma espécie de caminho interno, silencioso, que vai domando e tomando espaços onde antes existia alguma flor, algum fruto. Somos terra fértil para tudo – para florescer e para esmorecer. Nada disso é condenável: nem ser chão para o estado de beleza, nem sentir espinhos crescendo em um estado de crueza. Vamos seguramente passar por todas as fases de humor em relação ao tempo, à vida, ao mundo, às pessoas – e várias vezes. Somos ciclos, que se entrelaçam na distância entre o nascimento e a morte. Existir é demorado demais para sermos uma coisa só. Acontece que, quando a desesperança chega, ela parece fazer de nós uma propriedade. Começamos nos sentindo à beira do precipício, e depois passamos simplesmente a sê-lo.

Eu, você, nós, qualquer um. Podemos chegar a esse estado de perdição quando passamos a ser um precipício. Mas o que seria esse estado de perdição? O que perdemos quando nos perdemos?

Perder é mais comum do que gostaríamos. Está ao nosso lado, dentro e fora. Não há pedaço de nós que não se comunique com alguma sensação de perda, em um dado instante. Perder é um aprendizado contínuo: precisamos passar nessa prova interminável; às vezes tiramos um zero redondo, outras vezes parecemos ter tirado nota boa. Mais uma ilusão: não há nota boa ou ruim no aprendizado de perder. É simplesmente isso, o que podemos ser. O que conseguimos viver quando perdemos é uma das nossas mais belas coleções de experiências, e depois de um tempo ela passa a ter o nome de maturidade. Para ser uma pessoa madura, inevitavelmente você deverá ter passado pelo momento de sentir-se um precipício.

Uma das piores dores de se sentir é a da perda de si, dizendo em voz alta "Eu me perdi de mim". Ficamos parecidos com aquele aplicativo que nos guia de carro aqui e acolá, que quando tomamos outra direção fica com a bolinha girando até se reencontrar na rota. Perder-se de si mesmo, passando a ser um precipício, é ficar quase eternamente sendo aquela bolinha giratória e pintada de azul mais forte, sem uma direção nítida.

Toda perdição é um estado, e não uma coisa definitiva. Mas ela dói tanto, mas tanto, que perdemos a noção do tempo cronológico, que passa a importar um nada. O que passa a importar é lidar com aquela dor horrorosa, com aquela sensação de que não existe saída para uma grave crise existencial.

É PRECISO ESCUTAR A DOR DO OUTRO

Aqui, há um segredo que estamos deixando de escutar: a dor que demora nos dá tempo para escutá-la com detalhamento.

E só conseguiremos sair dela depois de mergulharmos nessa escuta, que pode ser ainda mais surpreendente e inédita do que o tamanho da própria dor. A profundeza de um abismo não é medida só em metros, mas na capacidade que ela tem de parir palavras que nos sirvam para sair de lá. Precisamos escutar a dor, e com reverência.

Do profundo de uma dor, podemos escutar sensações que fazem brotar palavras. Não existe outra maneira: há que fazer a palavra sair. Pode ser que você tenha aprendido a não escutar, a negligenciar gritos de você que saem desses abismos. Pode ser que você venha de uma família que te ensinou a minimizar a dor. Quem ensina a minimizar a dor está naturalmente julgando o ato de sofrer.

Busque com minúcia: há alguém ou alguéns em sua história que te ensinou a desprezar um pedaço ou o conjunto inteiro de uma dor? Essa pessoa pode fazer parte de seus afetos mais íntimos. Veja dentro de você a diferença entre amar essa pessoa e concordar com suas falências humanas. Ela é, como você e eu, parte de uma cultura que desensina a viver bem. Todas as culturas nos maceram um tanto, todos os tempos trazem um sofrimento para as pessoas que existem ali.

Se você veio de um lugar familiar em que se incentivava a negar a dor, talvez queira fazer um exercício interessante. Pare um minuto e lembre-se dessas pessoas, a partir do seguinte viés: o que elas perderam quando não puderam escutar suas dores? De que maneira conseguiram viver, levando a dor não legitimada como um peso a mais para suportar?

Do profundo de
uma dor, podemos
escutar sensações que
fazem brotar palavras.
Não existe outra
maneira: há que fazer
a palavra sair.

Que preço caro tiveram que pagar por não viverem espaço e tempo suficientes para que a dor pudesse virar palavra, pergunta, abertura para a dúvida?

Nossos antepassados viveram uma vida que lhes foi forjada segundo contingências específicas. Pressa, sobrevivência, injustiça social, desespero de ter que fazer a vida acontecer. Tudo pode fomentar ainda mais o abandono da escuta da própria dor. E tudo isso pode ser vivido como um pacto coletivo. Os homens fazem muito isso, há séculos: "Foque o que importa, seja racional, sentir te faz perder tempo, o choro te faz desmoronar e você nunca mais volta para o trilho".

O mundo do trabalho também pode contribuir para esquecermos a dor num lugar abismal: contam-nos a história de que não podemos descansar, de que temos que centrar na meta a ser atingida até o final do mês impreterivelmente, de que podemos perder o emprego ou o cargo caso isso não aconteça, de que não importa quem somos, mas o que produzimos.

Amigos também podem nos colocar para baixo, no sentido de negar aquilo que é mais importante para nós. O seu grupo de amigos suporta a contradição, a dúvida, o silêncio, a falta de rumo? Até que ponto? Quais os limites de aceitação da diferença dentro do seu grupo de amigos? Esses limites te excluem ou te incluem?

Mas a desumanização da dor é tamanha que pode corroer crianças, idosos, gentes de todo gênero, de toda cor de pele, de todo lugar – não do mesmo jeito. Só quem vive é que pode dizer a imensa diferença de não ter tempo para a dor porque a pele não é alva, mas alvo. Entre nós, sociedades supostamente evoluídas do vigésimo primeiro século depois de Cristo, ainda sobrevivem absurdos que nos levam a negar muito mais a determinadas pessoas o direito de existir, de se enlutar, de ser vulnerável, de sonhar, de escutar a dor. Mas também estamos fazendo o caminho contrário, e coletivamente. Há inúmeros conjuntos de pessoas que estão se organizando para dizer ao mundo: "Eu existo, eu posso, eu quero, eu mereço".

SUA DOR TAMBÉM TEM VOZ

Se você se sente parte desses grupos que existem de forma menos legítima em uma sociedade absurdamente desigual, junte-se aos seus pares. Ali, de galera, você também vai viver a beleza de escutar-se, só que de maneira diferente. Escutando histórias parecidas com as suas, você vai descobrir silenciosamente o direito de dar voz à sua dor. Esse processo grupal é de uma beleza que me emociona o tempo inteiro, e é um dos motivos para eu despertar todos os dias querendo escutar cada vez mais e mais gente, em grupos que prezem a liberdade do bem-dizer.

Precisamos mesmo fazer desmoronar essa crença absurda de não podermos escutar nosso sofrer. O direito à vida inclui o direito à escuta do sofrimento. Quando fazemos isso, somos útero de nós. Quando somos precipício, há um eco vindo lá das profundezas, trazendo uma mensagem que ficou oculta demais.

Escute. Não precisa ser uma escuta tão solitária. Leve a sua dor para conversar com alguém. Não precisa ter uma narrativa estruturada. Quando sofremos, viramos reticências, imperfeição, indecisão, contradição. Às vezes a dor é tanta que precisamos que alguém escute apenas nossas lágrimas. Suas lágrimas valem o mesmo que uma bela árvore no meio de uma paisagem descampada. A dor é o chão, as lágrimas são a bela árvore. Jorrando-as, você faz o abismo derreter. Tantas vezes será na companhia delas que você conseguirá chegar às profundezas. As lágrimas são a corda que te leva ao fundo, como um rapel emocional que te resgata da superfície que não te ajuda em nada.

Deixe a dor falar. Não precisa ser somente em sua companhia. Busque ajuda – amigo, família, profissional, grupo –, muitas vezes seguidas até a dor começar a virar uma palavra que a defina. Demora mesmo pra dor ganhar o contorno da palavra que nos faz sentido. Por isso precisamos falar, e muito, e repetidamente, sobre uma dor dilacerante. A desesperança é uma jornada de se escutar, e isso já é uma caminhada.

Minhas mãos continuam aí, dadas à sua dor. Estou muito feliz e agradecido de ter você comigo. Há algo em mim que também se Esperança de te sentir aqui por perto. Sem que você tenha percebido, já começamos a caminhar juntos.

capítulo 3
atravessar a dor não porque é redentor, mas porque é inevitável

Eu ficaria muito triste se você entendesse este livro como um manual para "aprender com o sofrimento". Desacredito fortemente nessa crença, e te explico o porquê. O sofrimento não existe na vida com o propósito de te ensinar a ser uma pessoa melhor. Não. Acreditar nisso traz um peso enorme: ter que entregar um "resultado", uma "meta atingida" depois da trajetória do sofrimento. É como se o sofrimento fosse a lama, e, depois dele, ela pudesse ser usada para melhorar a própria pele. E, claro, postar no fim que o sofrimento nos levou, finalmente, à nossa melhor versão, na Ilha de Caras...

Essa narrativa sobre o sofrimento é produtivista, como o nosso século tem nos ensinado a ser. As culturas sempre trazem adoecimentos em quem as vive, em todas as épocas. Um dos adoecimentos do nosso tempo é essa necessidade absurda de apresentarmos resultados eficientes sobre quem somos a todo instante. Haja vista a moda de se postar nas redes sociais dizendo "tá pago" depois de ir à academia, por exemplo: aquilo deixa de ser a delícia de se exercitar e receber endorfina no corpo para ser um "produto" que a pessoa adquiriu e desempenhou a contento.

Há muitos "tá pagos", indicando a compra e o pagamento de um produto a ser exposto na prateleira de nossa imagem social contemporânea. Por isso, estamos todos nos sentindo devedores do mundo, com um caminhão de débitos existenciais nas costas. O corpo não é de praia, a série do momento eu não vi ainda, a nova tendência não foi comentada em minha rede social para meus seguidores.

NÃO SUPERE ANTES DE SENTIR

Diante desta era de tarefas a cumprir, sofrer pelas intempéries da vida não pode ter mais essa dimensão de ter que colocar um "tá pago" como selo virtual de virtude sobre o sofrer. Já basta o caminhão de dor que vem junto com o sofrimento, já é desafio emocional suficiente dar conta dele. Não precisamos da tarefa a mais de ter que "superar" (ponho entre aspas como ironia, falando de um tipo específico de superação, muito instagramável e pouco realista com o que de fato foi vivido).

Estas páginas querem o contrário de tudo isso: reconhecer a dor, senti-la como parte inerente ao momento, lidar com ela com honestidade e dentro das possibilidades de cada um. Ninguém precisa ser super. Não há ninguém super. No silêncio de quem sofre, há dúvida, incoerência, raiva, medo, saudade, tristeza demais. Quem supostamente "supera" traz consigo um monte de cicatrizes e um tanto mais de feridas ainda abertas, que são levadas adiante nos relacionamentos, na forma de produzir uma vida possível.

Ninguém zera o jogo do sofrimento, porque ele continua acontecendo enquanto a vida vai passando. Vamos, sim, ficando mais conscientes de como lidar com ele. Mas jamais sofremos "para aprender". Sofremos porque sofremos, porque a vida é também essa dinâmica, porque isso faz parte e não há como fugir de experiências dolorosas. Discordo completamente desse pressuposto da obrigação implícita de, ao final da sofrência, termos que sair mais belos, mais livres, mais conscientes e mais maduros. Há sofrimentos que fazem conosco exatamente o contrário: saímos piores, mais desgastados, mais perdidos, mais confusos.

Eu acho isso honesto, coerente com o tamanho de determinadas experiências. Tem hora que a vida é só um capote de onda que quase te afoga e te deixa na areia, como quem nem entende muito bem como aquilo ali aconteceu ou por que continua vivo, apesar do tamanho do susto.

UM APRENDIZADO QUE NÃO SE FAZ SOZINHO

Mas isso quer dizer, então, que não aprendemos nada com o sofrimento? Claro que aprendemos. Cada vivência pode ser o início de um processo de aprendizagem. Paulo Freire sustentava essa ideia o tempo todo: muito mais importante do que saber, definitivamente, é jamais deixar de ser aprendiz. Paulo acreditava mais em dúvida do que em certeza, como bom educador que sempre foi. A porta aberta para inquirir, discordar, silenciar, confrontar, concordar, emocionar-se, refletir, analisar e chegar a conclusões sempre temporárias é a imagem que celebra essa virtude humana.

Somos estudantes, e a vida é a matéria. Há provas, o tempo inteiro, a maioria delas provas-surpresa. Chorar, temer, ficar atônito, são ações que precisam de tempo para acontecer. Diante das dores, somos um livro também. Na primeira página vem a cena que nos bagunça, e nas demais a história de como vamos elaborando o que vivemos. O livro vai ficando cada vez mais grosso, os capítulos não têm uma ordem lógica, podem inclusive voltar em estados mais primários, como se estivéssemos na primeira página de novo. Mas de qualquer forma o livro vai sendo escrito. O que nosso tempo insano tem nos cobrado é que ele termine logo, e com parágrafos que sejam cada vez mais edificantes. Ai de quem não terminar o livro do sofrimento com mensagens motivacionais ou uma lição de vida a ser compartilhada como legenda de uma foto no alvorecer.

Aprender com a dor pode levar uma vida inteira. Há dores que nos tomam menos espaço e tempo, e com elas podemos lidar com mais rapidez. Mas aqui estamos falando sobretudo dos momentos em que parecemos entrar num despenhadeiro de sofrimento, num declive eterno que parece jamais cessar. Quanto mais descemos, menos sentimos o cheiro do mundo lá em cima, quando a Esperança era tão presente quanto necessária. Simplesmente vivíamos, levando os dias como quem tem todo o tempo, energia e futuro diante de si.

O sofrimento
não existe na vida
com o propósito
de te ensinar a ser
uma pessoa melhor.

Cair no desalento é por si só um enorme sofrimento. A pergunta que sempre me faço, ao escutar as pessoas por onde vou caminhando como psicólogo, palestrante, escritor ou podcaster, é: o que possibilita a saída desse desfiladeiro? Como foi possível para essa pessoa, nesse momento de sua história, desdenhar da certeza do fim da linha e esperançar uma nova vertente de vida? Que passos imprecisos foram dados, com a força que havia disponível, do jeito que lhe foi possível? Como sair do mais profundo abismo até conseguir fazer da própria vida um lugar mais habitável?

Por isso precisei caminhar, e não fui sozinho. Eu estava imerso nessas mesmas questões. Elas eram de muitas pessoas que eu escutava, mas também eram minhas. Eu também precisei sair de minha sensação de ser abismo. Por estar também precisando disso, fui ler, escutar, cantar, até entender quem me acompanharia. Quando dei por mim, estava fazendo um livro, contando a Jornada da Esperança.

Quero te convidar para trazer seus abismos pra perto, suas desesperanças mais conscientes, suas dores, todas aqui com você, sem deixar nenhuma do lado de fora. Você não viverá uma cobrança para terminar este livro em estado de graça ou Esperança. Talvez só a possibilidade de caminhar um pouco nas perguntas, nas incertezas e nas frestas possíveis de um futuro ainda que distante possa valer a pena.

Estamos juntos, e cada capítulo é um pedaço de chão percorrido na quilometragem estranha das palavras conversadas com você e com sua história.

Sigamos. Mas, antes, preciso te contar das nossas belíssimas companhias de pés no chão, lágrimas no rosto e emoções à flor da pele.

capítulo 4
as três vozes do jardim da minha esperança

Esperança é uma palavra grandiosa demais para caber em um livro só. Eu já escrevi uma carta da Esperança; está em meu primeiro livro, *Cartas de um terapeuta para seus momentos de crise*. Mas, ali, era uma carta escrita em meio à pandemia, em meio à devastação de futuros do primeiro semestre do isolamento social. Agora, a Esperança já pode circular livremente no mundo. E por isso eu a imagino de volta sendo uma palavra que contém talvez um tanto do que venha a ser a vida. Por isso ela, aqui, é escrita sempre em letra maiúscula, porque é um nome próprio e porque é mais do que somente isso.

A Esperança que este livro vem palavrear é um acontecimento que merece povoar muito mais do que os sonhos; ela é o barro em que pisamos os pés cansados de todo dia. E, por ela ser barro, é assentamento, é lugar em que nossos desassossegos mereceriam sempre receber alento.

Eu vejo a Esperança como uma casa de vó: chão vermelho, alpendre com passarinho catando a migalha do pão que a gente come enquanto toma café e conta o aperreio que vive para alguém que quer, definitivamente, escutar sem julgar. A Esperança é o resultado dessa cena, é a dona dessa casa e é a certeza desse tipo de conversa poder acontecer a todo momento. A Esperança é uma conversa, é uma andança, é uma atitude.

Essa conversa começou na minha cabeça, antes de eu colocar nome no que estava acontecendo em mim. Escritor é uma pessoa que primeiro conversa em silêncio na própria cabeça, depois coloca o resultado desse converseiro em um texto que quer ser papel nas suas mãos. Eu estava escrevendo este livro na minha cabeça antes de tomar tento de que estava já autoralizando meu dia.

A VIDA NA EMBOCADURA DA PALAVRA

Imagine aí a cena: sentado numa cadeira, eu estava entre livros de Paulo Freire, entre livros e vídeos escutando as palavras de Ailton Krenak e músicas de Milton Nascimento. A tarde foi passando na companhia desses três homens, e a paz foi entrando onde outrora só havia ardor. Essas três vozes — escritas, faladas, cantadas — foram entoando um canto uníssono, um diálogo que foi se inscrevendo em mim como um chamado de encontro. Eu já tinha meu livro em mãos, e ainda não sabia disso.

Mas os livros são assim mesmo: eles vão se escrevendo à nossa revelia, e nós, autores, que lutemos para entender suas manias, suas formas estranhas de aparecimento que assopram nos ouvidos o que precisa urgentemente ganhar a vida na embocadura da palavra.

Eu, primeiramente, senti muita desesperança. E quando entro em desassossego sinto que é mesmo hora de escrever. A palavra me desinquieta um bocado. Ler e escrever, nesses momentos, são parte do mesmo esforço em mim. Eu já estava em movimento. Eu já estava fazendo minha própria caminhada rumo à Esperança – andando com a companhia das palavras. Fui me aninhar nas palavras desses três grandes homens que, para mim, são existências que se dedicam a produzir beleza que evita que a gente sucumba de desesperança.

E passei meses assim, chamando-os para uma conversa a quatro, sempre a bordo de um café em qualquer momento do dia. O diálogo não é uma conversa qualquer, é uma forma de expressão autêntica em que cada um dos participantes se sente com espaço para ser o que é.

Como o condutor desse encontro, quando eu estava com as vozes desses três homens ao meu lado e ao mesmo tempo dentro de mim, deixava-os falar. Minha função era somente escutar com detalhamento, deixando a palavra de cada um entrar e fazer a morada que quisesse. Aos poucos eu entenderia para que aquilo tudo estaria sendo cerzido. Para a palavra há que se dar tempo, sem pressa, porque ela é um eco que fica reverberando depois que termina de dizer a última letra.

UMA CADEIRA POSTA PARA VOCÊ

Passados tantos meses escutando-os, estou pronto para contar o que resultou em mim dessa escuta. Tome assento aqui comigo, conosco, há uma cadeira posta para você escutar com a sua caneca de café. Convido você a conhecê-los, nos intervalos da leitura destas páginas: busque na internet, nos livros, nos vídeos, nos discos e canções, tudo o que puder conhecer desses três gigantes – Paulo Freire, Ailton Krenak e Milton Nascimento.

São muito maiores do que a conversa que eu tive com eles aqui. Os três são imortais, e você merece tê-los na sua varanda particular, com as cores do seu próprio coração e com a toada das inquietações que lhe assopram as perguntas mais insistentes. Faça brotar, junto com essa leitura, a sua intimidade própria com esses três belos interlocutores. Eles também o convidam para fazer perguntas novas, para escutar silêncios que não puderam existir e que ficaram esquecidos atrás de telas efêmeras.

Esperança é o mesmo que vida, e vida não se deixa ao longe, como se fosse um objeto para ser apreciado com distância. Conversa é proximidade, é afeto quente, é coração virando olhar e palavra.

Meus interlocutores foram se transformando em flores de um jardim que me tomou o sorriso e o levou pra dançar. Por isso, não consigo apresentá-los como a escrita científica me ensinou, com sobrenomes (Freire, Krenak, Nascimento). Quem conversa intimamente com o coração desses homens passa a ter a liberdade de chamá-los pelo prenome. Dou-me o direito de apresentar a você os meus irmãos Paulo, Ailton e Milton. Talvez eles não lhe sejam assim tão próximos ainda, e por isso vale contar quem eles foram e são para mim.

*

Paulo é um educador que um dia se fez uma pergunta inquietante: o que aconteceria se a sala de aula fosse o mundo inteiro? Se estivéssemos aprendendo o tempo inteiro, com olhos curiosos e sedentos por querer fazer mais e mais perguntas sobre aquilo que nos chamasse a atenção? O que aconteceria se cada uma e cada um de nós tivesse a liberdade de decidir quais perguntas fossem mais importantes para, aí sim, correr mundo atrás das respostas? O que seria de um estudante se ele pudesse se sentir o dono do giz que escreve no quadro aquilo que antes ele só copiava, obediente, sem poder dizer se queria fazê-lo ou não? O que ele quereria escrever, pesquisar, perguntar?

Paulo veio ao mundo para abrir a estrada da liberdade de perguntar. Chamou isso de autonomia, pensou com o país inteiro, correu mundo e sobrevive em suas ideias anos e anos depois de sua morte. Paulo é um imortal, e merece cada vez mais estar vivo entre nós porque nos relembra a atitude que é merecimento humano: a dignidade de existir, o direito de aprender, o amor que só expande a vida e faz de nós um projeto grandioso que sempre pode ser reimaginado.

Na minha varanda, Paulo vem sempre com uma blusa confortável, escuta com um sorriso leve e traz nas mãos um desejo de conversar com o corpo inteiro. Ele conta histórias pautadas pelo amor e pela indignação, lembrando os caminhos que já fez. Para Paulo, o amor e a raiva não são antagônicos, e é por isso que eu o considero o meu maior pai teórico. Com ele eu aprendi a caminhar sem deixar nenhuma emoção do lado de fora. Ele sempre me deu as mãos quando eu, educador que também sempre fui, indignava-me com os absurdos e as injustiças de um país, de um mundo e de tantos seres humanos que decidem calar o direito de tantos outros simplesmente existirem em sua grandiosidade.

Paulo é um olhar firme que me fita e me relembra o melhor em mim. Paulo é um imortal, e por isso eu o tenho vivo em meu coração.

*

Ailton é um sábio que sorri, um pássaro que vira rio e um rio que vira palavra. Ailton é a manifestação da natureza inteira, deitado em uma rede conversando, escutando, tirando um cochilo e falando frases em tom sereno que precisam ser anotadas, escutadas, estudadas, entendidas e repetidas como uma lição para a humanidade. Ailton é meu maior suporte para esta fase de minha vida, em que começo a envelhecer com vontade de ser simultaneamente maduro e uma criança ocupando a mesma pele.

Eu o escuto com a reverência de quem tem um avô extraordinário para visitar num dia ordinário. Ele não tem máscara para se apresentar para o mundo, e vem justamente daí a sua grandeza. A voz e o rosto têm mil tons e sons, sempre geniais. Ele não promete salvar-nos de nossas trevas, apenas diz o que precisa ser escutado há pelo menos cinco séculos. Ele é uma das vozes do seu povo, os Krenak, mas também é o canto que deveria embalar a ternura de todo e qualquer coração vivo interessado em continuar vivo. Ele é um imortal, reconhecido como tal pela Academia Brasileira de Letras, mas eu o considero imortal para além de títulos brancos. A imortalidade de Ailton vem da presença que congrega ancestralidade, ternura e assertividade.

Ailton é um celebrante da apreciação de tudo o que há. Ele é meu professor, com quem reaprendo a prestar atenção no que me rodeia. Tudo o que eu imaginava ser pano de fundo ou coisa figurativa se transforma em vida nova a partir das palavras de Ailton. Por isso, hoje, eu tenho a Esperança de aprender com Ailton a conversar com o vento, com o rio e com o silêncio da natureza, para quem sabe assim trocar um pouco de ignorância por um tantinho de entendimento do que venha a ser a vida.

*

Milton eu conheci criança. Não de abraçar meu corpo de menino, mas de embalar minha alma sonhadora. Eu tinha pouco mais de uma década de vida quando fui com minha bisavó Calu, meus pais e meu irmão a São João del Rei, interior de Minas Gerais. Calu queria conhecer o túmulo e o memorial de Tancredo Neves, filho daquela cidade, que tinha se tornado o presidente eleito indiretamente na transição da ditadura para a democracia, e que faleceu antes de tomar posse. Milton tinha feito parte do movimento das Diretas Já, e sua música ficou marcada como trilha sonora daquela época histórica.

Fomos visitar o Memorial Tancredo Neves, um casarão com imagens, vídeos, canções e documentos que contavam a história daquela importante fase da vida brasileira. Na entrada, fomos convidados a vestir pantufas para andar silenciosamente por aquelas salas e quartos antigos. Eu me lembro de entrar de mãos dadas com minha bisavó, que desde sempre tinha sido uma grande referência viva para mim, e entrei em uma sala em que a música "Coração de estudante" era tocada repetidamente, como ambiência para o hiato entre a emoção e o silêncio em nós. As fotos contavam histórias, e a música cantava o que minhas lágrimas começavam a entender ser a Esperança.

A música de Milton entrou em mim definitivamente naquela sala. Não haveria, depois daquela cena, forma de ela acontecer menos abissal do que as montanhas de Minas. Milton é imortal. Elis Regina dizia, sabiamente, que, se Deus tivesse uma voz, seria a de Milton Nascimento. Acho sublime pensar que esse homem possa ser o dono de uma potência vocal tão inconfundível que faça mesmo vibrar o infinito em cada um de nós quando nos colocamos disponíveis para escutar o seu canto.

REFUGIADOS, MAS NÃO SOZINHOS

Durante a escrita deste livro, escuto "Coração de estudante" como uma meditação, e todas as canções na voz de Milton como néctar. O diálogo que ele tem comigo é o que mais me faz lacrimejar. Algumas vezes as lágrimas caíram no teclado enquanto eu digitava (como agora, com as mãos ligeiramente trêmulas), e eu espero que você entenda que isso é parte da beleza desse caminho todo.

Paulo, Ailton e Milton começaram a conversar comigo sem que um rumo específico fosse dado àquele dedo de prosa. Aos poucos, fui entendendo o que cada um vinha me dizer sobre a Esperança. No silêncio da minha imaginação, foram esses três os anfitriões de um sentimento. Em roda com eles, sob o auspício do cheiro do café, eles me convidaram para uma experiência de profundo deslocamento. Eu teria que caminhar, com eles, os três andarilhos, rumo à minha própria versão sobre a Esperança. Tomei-os pelas mãos e fui. Ao lado deles, eu passaria a ser um viajante, desejoso de chegar a um lugar que não é físico, mas um estado de espírito.

Quando precisamos de Esperança, passamos a ser refugiados de nossa própria existência. Precisamos sair de algo que está estagnado em nós, de alguma água parada que criou bichos que corroem suspiros. Precisamos nos mover, porque a desilusão se mostra na paralisia e a Esperança se faz no movimento.

Refugiados são todos aqueles que têm urgência de caminhar rumo à única vida possível diante do fim de todas as alternativas. Em tantos dias somos assim, refugiados de nós mesmos, desejosos de novas vidas, sedentos por novos caminhos que nem sempre descobrimos como acessar. A Esperança é uma intenção e ao mesmo tempo uma invenção, vai acontecendo no encontro humano, como em mim aconteceu a conversa com Paulo, Ailton e Milton.

*

Paulo Freire transformou a Esperança em verbo. Ailton Krenak transformou a Esperança em tempo possível, para além do medo do fim. E Milton Nascimento transformou a Esperança em poesia.

Da reunião dessas vozes eu imaginei uma jornada para a Esperança.

> ***Você também tem os seus Paulos, Ailtons e Miltons***
> São as pessoas com as quais você dialoga, presencialmente ou através de livros, vídeos, perfis de redes sociais, músicas, filmes, séries ou qualquer outra forma de manifestação humana. Lembre-se dessas pessoas e traga-as para a conversa conosco, ao longo deste livro! Quem são elas? Em que momento você sentiu que elas passaram a ser importantes para a sua vida, e por quê? O que você gostaria de dizer a elas sobre a importância que tiveram em sua história? O que a companhia delas, ainda que elas nem saibam disso, fez com suas dores de viver?

*Quero falar de uma coisa
Adivinha onde ela anda
Deve estar dentro do peito
Ou caminha pelo ar*

*Pode estar aqui do lado
Bem mais perto que pensamos
A folha da juventude
É o nome certo desse amor*

*Já podaram seus momentos
Desviaram seu destino
Seu sorriso de menino
Quantas vezes se escondeu*

Milton Nascimento e Wagner Tiso,
"Coração de estudante"

<u>fase um</u>
terra seca

capítulo 5
o menino em mim que conheceu as fendas da terra seca

Receber um tiro de uma pistola calibre 32 não foi o que exatamente eu imaginei viver naquela manhã do dia 9 de abril de 1987. Ainda mais de um amigo, que apontou a arma para mim dizendo: "Cuidado, estou armado!". Quando estourou o projétil, ele atingiu muito mais do que minha pele, músculos e ossos. Ele fraturou severamente minha confiança no ser humano.

Eu era uma criança adolescendo aos poucos, num ritmo talvez mais lento que a maioria dos meus amigos. Sempre fui de outro tempo. Em Minas, as montanhas enganam. Elas podem dar ares somente de passado, mas eu não. Eu era montanha e também me via como habitante de um futuro inexistente. Nesse tempo sonhado sem nenhuma garantia que ele chegasse finalmente, eu seria compreendido como um garoto que unia coisas tão díspares como extroversão, desejo imenso de ler muita poesia, amor à dramaturgia, música e muitos, muitos amigos por todos os lados.

Eu era um garoto que brincava de vôlei na rua que ainda tinha pouco trânsito de automóveis, cantava em rodas de violão que se arrastavam para além do horário permitido por minha mãe, ia à missa de domingo às sete da noite só pra encontrar a galera no fim, em frente à fábrica de chocolate que existia para dar mais poesia à minha realidade. Em Belo Horizonte, eu me movia de ônibus e me sentia parte da cidade, das pessoas, do mundo. Eu tinha lá minhas cicatrizes emocionais já bem evidentes, mas nunca tinha deixado de crer que os afetos seriam fonte de amor.

Entre esses afetos, havia dois irmãos que viviam no mesmo bairro, e que estudavam na mesma escola. Eu havia saído de casa, naquela manhã, para estudar Língua Portuguesa com meu amigo, da mesma sala, para uma prova bimestral que aconteceria na nossa sétima série, horas depois. Ele e o irmão, um ano mais velho, estavam em casa sem os pais, ambos trabalhando naquela hora. Eu havia pedido permissão à minha mãe para ir, enquanto ela tomava banho, gritando do lado de fora, mas não escutei o "não!" que ela me deu. As ruas me levariam, em quinze minutos, a um lugar que me esperaria com uma pergunta solene: como um amigo pode ser a fonte de uma quase destruição?

Pois esse irmão do meu colega de sala, a quem também considerava amigo, chega no batente entre o corredor e a sala e me aponta uma arma. "Cuidado, estou armado!", ele disse.

Minha fé inabalável na amizade me fez acreditar que era uma brincadeira sem graça, e eu voltei a estudar com meu amigo, baixando a cabeça finalmente para o caderno e para a matéria da prova. Em alguns segundos, as palavras, as letras, a sintaxe que hoje é minha forma de vida, tudo se contaminou com um ruído alto e rouco, rápido e invasivo, que calou minha voz, estremeceu meus olhos e fez o medo da morte a substituta da paz que existia até então. O tiro tomou o caminho do meu antebraço esquerdo, que terminou sendo um anteparo para ele não chegar diretamente ao coração. Meu braço esquerdo se transformou em um escudo que me deu uma segunda vida. A palavra emudeceu, e, embora destro, foi o braço que não escrevia nada que me fez poder escrever aqui estas palavras.

Fui levado rapidamente para o pronto-socorro, recebi cuidados adequados, fiz um ano de fisioterapia e tudo ficou bem – exceto pela perda de movimento na rotação desse antebraço, e por um tanto menos de força muscular. Vinte anos depois eu era pai, e carregar filhos nesse braço me fez o trabalho derradeiro de fortalecer a musculatura que representou, para sempre, a vida que pode renascer mil vezes.

Emocionalmente, no entanto, eu cruzei um deserto interno de dimensões inacreditáveis. Foram meses em estado de profundo espanto, tentando integrar as expressões "meu amigo" e "quase me matou" na mesma frase. Voltando àquele tempo com meus olhos de hoje, me vi cético, ressecado de amor, lutando para não me curvar à tristeza absoluta, caindo em notória compulsão por açúcar para tentar dar algum sabor menos amargo ao viver. Fiquei mais silencioso e menos gregário, mais desconfiado e mais sofrido, porque não me reconhecia naquele estado inóspito de descrédito no amor e nas pessoas.

Durante muito tempo, eu não conseguia imaginar uma saída para voltar a ser quem eu era. Aliás, foi ali que eu entendi que o tempo não volta atrás porque nem linear é, e que vamos colecionando cenas que nos agregam camadas de maturidade, incerteza, beleza, saudade, remorso, sonho e pesadelo, junto com tantas outras partes de um humano que permanece vivo. Eu jamais voltaria a ser quem eu era. Aquele tiro atingiu o brilho que eu conseguia ter até então, e me fez recostar no desamparo da mais profunda escuridão que eu já tinha sentido.

No dia 9 de abril de 1987, eu conheci a Terra Seca.

capítulo 6
a terra seca pede tempo para senti-la

Não perdi as esperanças, escrevi sempre, fiz o que pude. Viver é sempre isso, fazer o que se pode.

Socorro Acioli,
Oração para desaparecer

O seu sofrimento importa. O seu sofrimento importa. Importa mesmo que ele não seja uma dor física, muito mais reconhecidamente legítima pela nossa cultura do que as dores de existir. Ainda há gente que valida a ideia de que tudo o que não é sentido no corpo como dano em alguma parte dos nossos tecidos não tem razão de ser percebido como dor. Sofrer por qualquer razão passa a ser, assim, uma invenção desmedida, uma maneira de chamar a atenção simplesmente.

Quanto mais negamos a importância de um sofrimento, mais ele cresce, de maneira insidiosa. Os caminhos do sofrimento vão se fazendo à revelia da decisão de atentar para ele. Não existe o "debaixo do tapete" psíquico, porque tudo se transforma embaixo do que somos. Pode ser que eu nem perceba, mas começo a ficar mais irritado, por exemplo, porque não dei atenção a um sofrimento, fingindo para mim mesmo que ele não doía.

Somos ensinados a negar a importância da dor. Vivemos em uma cultura que menospreza alguns estados emocionais. Algumas teorias inclusive chamam esses estados de "emoções negativas", quando estamos diante, por exemplo, do medo, da raiva ou da tristeza. Chamar de "negativa" é uma maneira de dizer que aquilo não deveria existir, ou pelo menos não deveria ocupar tanto a sua vida ou o seu tempo.

A questão é que os estados emocionais pedem tempo, são arteiros com os ponteiros do relógio e solicitam que nos disponibilizemos para dar-lhes escuta. Esses estados emocionais, quando estão ligados a cenas muito importantes para nós, fazem uma morada demorada no corpo. Sentimos tudo no físico, e é ali que vivemos os efeitos do sofrimento – enquanto vamos colocando pensamentos, e tomando decisões sobre o que fazer com o que sentimos.

TODA DOR MERECE ESPAÇO

Sofrer é duro mesmo, porque nossa vontade seria que o sofrimento passasse rapidamente. Mas há dores que, seja se acumulando a outras, seja fazendo o seu curso demorado de ser, vão dilacerando um pedaço do nosso sossego relativo de existir. Ao lado da dor, vamos vivendo alegrias imen-

Quanto mais negamos
a importância de
um sofrimento,
mais ele cresce,
de maneira insidiosa.

sas também. Ao lado dela, vamos gargalhando com memes, dançando na festa do sábado, beijando na boca e realizando grandes feitos profissionais.

A vida não é una, ela é múltipla. A dor que vira Terra Seca chega ou como uma avalanche ou aos poucos, mas ela não é capaz de ocupar todos os espaços do humano. Somos muitos, enquanto a dor está em nós. Isso não é antítese de nada. A dor tem seu curso, ao lado de todas as outras sensações da vida. Não importa. Não deveríamos julgar como a dor aparece, se ela foi percebida de início ou até mesmo se ela fez morada demorada num corpo que não consegue lidar ainda com ela. Diante de uma dor que resseca a terra da alma, deveríamos ofertar somente apoio, amor, compaixão, escuta, silêncio, companhia.

Por isso, se dê tempo para escutar seu sofrimento. O mundo à sua volta provavelmente vai te apressar, acelerando o passo para longe dessa escuta. Todas as vezes que nos afastamos da escuta da dor, ela pode fazer mais e mais estrago, porque não entenderemos os seus caminhos e nossos descaminhos como efeito de tudo. É hora de escutar a dor. Há uma alma arrasada, ainda que finja que não, ainda que sinta que não há espaço para sofrer, porque há boleto, há filho, há marido, há Deus, há o que for.

Nada na vida merece ser absoluto impedimento para colocar escuta na dor. Isso deveria estar na Declaração Universal dos Direitos Humanos: "Todo ser humano tem direito a ter tempo para escutar suas dores de existir, e tem direito a não ser julgado pelo potencial de sofrimento que essas dores têm para ele".

capítulo 7
a terra seca imobiliza, e a saída não está totalmente dentro de você

A esperança não basta. Ela é necessária,
mas não suficiente. Ela só não ganha a luta,
mas sem ela a luta fraqueja e titubeia.
Precisamos da esperança crítica,
como o peixe necessita da água despoluída.

Paulo Freire, *Pedagogia da esperança*

Desesperança é o mesmo que imobilidade, e na falta do movimento tudo fenece. As crises mais grandiosas vão solapando a energia vital, a crença em alguma saída. O cotidiano vai sendo abraçado pela inibição: não queremos aparecer, não queremos ver ninguém. Se tudo está mal, se tudo está dando tão errado, o que há de se mostrar? Abrir-me para ficar ainda mais vulnerável, para ser mais alvejado por quem pode me destruir ainda mais? Por que eu me abriria, se eu sou agora a cara da vergonha, da culpa, da derrota, do medo de ser visto no pior dos cenários?

O fechamento de quem vai sentindo a vida esmorecer diante de si é um fenômeno esperado. Nós, humanos, somos seres sociais, vivemos e funcionamos em rede – e não adianta dizer "eu não me importo com o que os outros pensam". Essa é uma das frases mais mentirosas que podemos proferir. Claro que nem todos os "outros" nos importam naquilo que pensam e sentem sobre nós. Mas é fato que a opinião de alguns desses "outros" interfere drasticamente em nosso bem-estar.

NÃO SOMOS OS ÚNICOS

Não há como fugir dessa característica humana de vida conectada aos outros; ela é constituinte e intervém em nosso bem-estar ou mal-estar. Quando estamos mais fechados, nos protegemos de algum risco real ou imaginário que podemos viver, mas também deixamos de receber a nutrição que as pessoas à volta podem nos dar: reconhecimento, afeto, legitimidade, apoio, compaixão, colaboração.

O desalento com a vida inibe, leva-nos para um lugar escondido em nós, e vai ressecando o poder que os encontros têm justamente para nos colocar novamente em um caminho possível de se esperançar.

Para sair minimamente desse quarto escuro, é importante entender que não somos os únicos responsáveis pela dor imensa que estamos sentindo. Há um discurso nefasto sendo proferido neste século, que culpabiliza as pessoas individualmente por um efeito que elas sentem de imensos problemas estruturais.

Nossos adoecimentos mais vorazes têm relação com coisas muito maiores do que nós. A desmotivação com o trabalho pode ter relação com experiências de assédio moral que ainda não foram reconhecidas pelo ambiente. O afastamento emocional em um casamento pode ser consequência de falas e atitudes que machucam, que humilham, que vão impedindo a pessoa de se sentir minimamente em paz ao lado daquele ou daquela com quem divide a vida. Uma criança negra pode ter problemas sérios de aprendizagem escolar porque vive o racismo em atos sutis que degeneram sua atenção, sua concentração e sua memória. Uma mãe solo pode explodir em gritos com seu filho, apesar de todos os manuais de parentalidade não violenta, porque está sendo pressionada a terminar um relatório para o trabalho mas não consegue se concentrar porque o ex-marido não pagou a pensão e o boleto vence no dia seguinte. Um adolescente gordo que começa a pensar em se afastar de todos e não comparecer ao churrasco do fim de semana sofre com uma cultura que celebra apenas alguns tipos de corpos, e diminui o corpo que ele é, o que ele consegue ser, o que não pode ser trocado simplesmente na imediatez de uma compra de mercadoria.

As dores vão se acumulando porque a vida é complexa, porque as variáveis que fundam os sofrimentos não são únicas, nem simples, nem dependem exclusivamente de cada uma e cada um de nós. Essa ideia de que tudo depende só de você, da sua força de vontade e da sua motivação ou gratidão pela vida é uma ideia falsa, perigosa, que adoece e pode até matar. Entender que não é tudo culpa sua pode ajudar a abrir janelas de compreensão e de enfrentamento bastante novas, necessárias e mais verdadeiras com a complexa organização do mundo em que vivemos.

A Esperança não é um conceito individual, mas uma construção coletiva. Eu sei que fundamental é mesmo o amor, mas esse amor não pode ser ingênuo: é impossível esperançar sozinho.

COMPANHIA NO REFÚGIO

A Terra Seca é mais do que um lugar, é uma condição existencial. É uma forma de estar na vida, espremido por uma sensação absoluta de limitação e quase zero abertura emocional para as possibilidades. Quando os limites parecem muito mais do que bordas, eles invadem o interior como um ar poluído. A Terra Seca é uma perdição que se sente, e muito. É uma lágrima que evapora porque não imagina mais ter sentido de acontecer.

Na alma, umidade é produção de vida. Na natureza, umidade é produção de vida. No corpo humano, umidade é produção de vida. Quando nos sentimos em Terra Seca, o incômodo é tão avassalador que somos impulsionados a um novo lugar. A Terra Seca é o início de uma evidente movimentação com intenção de deslocamento. É a necessidade absoluta da produção da Esperança. E, quando precisamos de Esperança, transformamo-nos em refugiados de nossa própria existência.

Refugiar-se não é fugir. Refugiar-se é desterritorializar--se. É mudar de perspectiva, é não ter alternativa a não ser promover uma transição que marcará a memória como um antes-e-depois. Quem se sente refugiado na própria pele está tão dilacerado que precisa tomar com os pés alguma nova direção que dê à vida um novo sentido. O refúgio é uma caminhada feita coletivamente, geralmente desprotegida. Por isso há muitos momentos em que, desesperados, nós nos sentimos em Terra Seca e partimos a esmo rumo a um lugar qualquer: agimos intempestivamente, reagimos com impulsividade a pequenos estímulos. Estamos à flor da pele. Como diz Arnaldo Antunes, na sua brilhante composição "Socorro":

Socorro, alguma rua que me dê sentido
Em qualquer cruzamento
Acostamento, encruzilhada
Socorro, eu já não sinto nada

Nesse momento, é bom não estar só. A solidão na Terra Seca nos deixa ainda mais desesperançosos. A companhia pode ser um alento para tamanho desalento, por mínimo que seja. Um abraço nessa fase pode fazer a secura encontrar pelo menos o caminho da lágrima. É bom ter gente por perto. Ninguém é fraco ou menor ser humano por fazer coisas junto, sobretudo quando as forças estão tão diminuídas. Outro alguém para pensar junto, para caminhar junto, para chorar junto, para comemorar junto. Toda Terra Seca merece um abraço. A Jornada da Esperança começa com a busca por esses companheiros de refúgio.

Fundamental é
mesmo o amor,
mas esse amor não
pode ser ingênuo:
é impossível
esperançar sozinho.

Você merece caminhar rumo a novas Esperanças de vida
Há sempre motivos, que podem estar escondidos, para se buscar algo realmente diferente, inovador e inesperado. Perguntar-se é uma forma de escavar até reencontrar estas partes de você.

Que aspectos de sua vida (pessoais, familiares, profissionais, de estrutura social etc.) te expulsam imaginariamente da vida que você tem no momento presente? O que é mais amedrontador? O que lhe provoca sensações ambivalentes, que juntam no mesmo instante o mesmo tanto de vontade e de receio?

Volte em alguns momentos de real transição em sua história, em que você viveu um imperativo de mudança. Quando não havia alternativa a não ser andar na única direção que lhe parecia possível. Que pessoas lhe foram suporte, do menor ao maior grau de importância, para que você pudesse conseguir fazer essa transição com elas? Lembre-se não somente dessas pessoas, porque a função delas não foi total; você foi protagonista também de sua própria jornada. Lembre-se de seus pés, de suas sensações, de suas emoções. O caminho que você percorreu foi feito na pele de uma pessoa refugiada. E o resultado do que você conseguiu produzir, por mais efêmero que tenha sido, se chama Esperança.

capítulo 8
não se sai sozinho
da terra seca

O conceito de "rede", em saúde mental, fala do conjunto de pessoas, profissionais e instituições com que contamos para cuidar uns dos outros. Nesse jeito de entender a vida, não existe uma pessoa padrão-ouro, saudável e maravilhosa, em contradição com aquela outra lá, doida, doída, lascada e desprestigiada por ser frágil.

TECENDO SUA REDE

No que acreditamos é outra coisa muito diferente. Num mundo complexo, cheio de sofrimentos com que temos que lidar, ninguém é melhor do que ninguém, todos contribuem para nosso bem ou mal-estar com o que conseguem ser. Numa rede de afetos, que pode ser de rede de apoio ou "rede de agouro" (expressão maravilhosa de uma amiga amada, a pediatra Vânia Gato), todos têm uma função relevante: a vacina dada pela enfermeira do postinho, a escuta da psicóloga, a reza da avó e a brincadeira das crianças no parque; o trabalho que dá renda e quiçá satisfação, a rua bem tratada e a casa segura fazem parte do complexo de cuidados que não pode ser restrito à visita ao médico ou à internação hospitalar.

E você pode imaginar um monte de outras coisas, juntas, intercaladas, fazendo acontecer um encontro de mil pedaços de país, tudo sendo parte da minha vida, da sua vida, da vida de cada uma e cada um de nós. E a gente vai ficando mais forte quanto mais esses elementos que constituem nossa rede vão se relacionando, saindo daquela lógica individualista que diz "eu só posso cuidar do meu quadrado". Quanto mais a gente conversa, mais soluções criativas vão acontecendo para problemas que poderiam ser sentidos simplesmente como insolúveis. Assim, a escola conversa com o médico, as pessoas se conhecem e se fazem parceiras em suas dores e cores, e vamos percebendo que construir uma vida nova inclui pegar algum desses pedaços e fazer dele uma ponte para algum futuro. Política pública, ação coletiva e consciência cidadã de que estamos todos interligados. E isso já pode ser muito, pode ser um início de saída da Terra Seca de desalento sobre a vida.

Posso estar acompanhando um familiar morrendo no hospital, mas ao mesmo tempo tenho os amigos, o povo do grupo religioso, a dança, a novela, a caminhada em grupo de vizinhos o futebol ou a roda de samba. Quando falamos de "rede", abordamos a vida como uma consciência de sermos parte de um enorme emaranhado de pessoas, laços, nós, vínculos e amores.

CONVERSAR PARA ENCONTRAR O FIO

Mas eis que Ailton Krenak chega e refunda o conceito de rede para nossa saúde mental. Ele traz duas redes – redes mesmo, aquelas de pendurar em árvores ou ganchos na parede – e as coloca como lugares de conversa boa. Chama ali amigos, intelectuais, pessoas que ele admira e com quem ele deseja entoar um canto de adiamento do fim do mundo. Cada um deita na sua rede, ou se senta nela, e a conversa vai se encaminhando no ritmo do compasso do lá e cá. O vento beija a rede de pano, ela beija o vento, o silêncio aninha a palavra e Ailton fica ali, verdejando suspiros com seu sorriso semiaberto que tudo diz.

A rede de Ailton é a rede que chama para conversar, para alinhavar palavras em conversa muito, muito simples. Ailton é o filósofo que toma a simplicidade originária da vida e a coloca para dançar com os nossos problemas complexos. Para ele, adiar o fim do mundo é isso: é voltar ao que jamais deveríamos ter deixado de ser. Sair da Terra Seca, também.

Não sairemos do desalento que nos faz Terra Seca sem a ajuda de outras pessoas. Imagine que seja como estar numa rede, sem energia, entregue à dor do desânimo, flertando com as desistências que gritam em volta como cães raivosos. Podemos até tentar cobrir o corpo com o tecido, mas eis que a vida entra na rede, conclama o desânimo a escutar mais absurdos, a entender mais gravidades e a arregalar mais olhos. Lágrimas podem até secar, visto que não enxergamos motivação ou energia para tanto. Quanto mais nos sentimos assim, menos conseguimos sair daquele lugar sombrio de estar.

Mas veja que podemos ser como Krenak: colocando uma rede ao lado da nossa, ainda que tomados pela energia silenciadora do desânimo. Convidando alguém para deitar na rede ao lado, na direção oposta, para nos escutar e conversar. Pode ser um amigo, uma sessão de terapia, um dengo de uma pessoa mais velha, com um chá quente como molho para as palavras ressecadas. A Esperança é um movimento, que começa nessa primeira tomada de decisão de sairmos da Terra Seca, movimentando nosso tempo cotidiano com convites para sermos escutados.

Aqui, vale dizer, e pode ser repetido, escute de novo: não há história de desalento que não mereça ser escutada. Custa-nos aceitar que não sairemos da Terra Seca sozinhos, que não somos heróis inquebrantáveis em nenhum momento sequer, e que precisamos sim de uma rede de gente boa para oferecer cuidado ao nosso desvario. Sofrer nos confunde. Conversar ajuda a encontrar o fio de volta do desalinho mais profundo. Não há "a conversa definitiva": há conversinhas, conversas, encontros, abraços, palavras boas trocadas, que vão se somando como nós de uma rede, como partes retalhadas de uma colcha de estampas diferentes.

Chamar gente pode ser muito difícil? Então escolha uma a uma e vá testando, até você encontrar o jeito de conversar e o tipo de pessoa com quem você se sente melhor. Se a sua energia está muito em baixa, diga isto, deste jeito: "Não estou conseguindo sair do meu próprio labirinto. Preciso que você me ajude, não vou conseguir sair de casa, encontrar amigos, procurar profissionais que me ajudem".

Não faz diferença o nome do que você tenha: luto, câncer, depressão, dor de existir. O mais importante é entender aquela hora em que é a sua rede que vai te apoiar derradeiramente. Coloque a rede ao lado da sua, e vamos conversar. Quem me ensinou isso foi Ailton Krenak. E ele está lá, vivo e sorridente diante de um mundo que também é destruído. Mas a rede-com-rede, a conversa pequena sobre corações grandes, o miudinho de cada dia, sem pretensões grandiosas mas de cheiro de verdade visível, isso faz a gente andar um tanto.

ATÉ O SILÊNCIO É CONVERSA

A conversa na rede é a ponte que nos retira da Terra Seca. Diante desses outros que escolhemos para caminhar junto rumo ao Esperançar, podemos estar em silêncio, aos prantos, numa contação enorme de histórias. Mas o caminhar é feito pelas pegadas do coração, que vai sentindo como há muito não sentia. A Esperança é uma disposição para caminhar como refugiados. As pessoas que você escolhe podem estar tão refugiadas quanto você.

Paulo Freire está ali, na rede, conversando com Ailton, e num dado momento eu o vejo dizendo: "Ailton, a Esperança

é uma forma de vida coletiva, política de filha do coração".
E Ailton lhe responde, sorrindo: "É, Paulo. O coração podia ser pensado como a chave para todas as transformações que a gente deseja no mundo. Essa é a experiência de vida radical, de quem pisa suavemente sobre a Terra".

Quanto mais a conversa anda, quanto mais gente vai escutando e falando, quanto mais rede vai sendo tecida com as mãos solidárias e não somente solitárias, mais a Terra Seca vai ficando para trás. Porque sofremos, a lágrima cai, e a secura da história sem solução alguma, sem movimento possível de ser dado, vai se despedindo de nosso panorama. O momento presente vai sendo cerzido de água de esperançar. E quando você menos esperar, quando você menos Esperançar, terá saído da Terra Seca, e seus pés andarilhos estarão pisando na Terra Úmida.

Imagine-se colocando estas duas redes para dançar o vento
Você, a sua Terra Seca, suas dores silenciadas, os desencantos difíceis até de nomear. Tudo entra ali na rede, você está lá. De repente chega a pessoa, o profissional, para sentar na rede ao lado. Eu te convido a terminar este capítulo imaginando a seguinte cena:

Quem são seus convidados para deitar na rede? Como você se sente para convidá-los? É possível fazer esse convite por você, ou é necessário pedir socorro a alguém muito próximo ou estranho? Não hesite em gritar. Há gente pronta para lhe escutar. Ninguém vive na extrema solidão existencial. Há gente com a sua cara, com a sua alma, com seus valores.

A internet poderia ser esse lugar de encontrar gente nova para conversar? Ou você já tem os nomes que lhe vêm à mente para entrar na rede, com a cabeça deitada te escutando e te observando? Quem você chamaria primeiro? Que histórias suas estão urgindo ser contadas? Deixe a emoção entrar na sua rede, e acolha qualquer uma delas: a vergonha de falar, o medo do julgamento, a raiva da situação ou do mundo ou de Deus, a tristeza profunda. Coloque pra fora, do jeito que der, com reticências e palavras soltas em meio ao caos do silêncio, da fala acelerada, mesmo que nada pareça ter sentido.

A pessoa ao seu lado é de confiança? Se você sentir que ela pode expor você, humilhar, envergonhar, não é a melhor pessoa. Troque de visitante da rede ao lado da sua. Você é o dono da cena que une uma rede à outra através do convite à boa prosa. Quem mais? O que mais? O que você está sentindo agora, ao imaginar essa cena?

Mas renova-se a Esperança
Nova aurora a cada dia

Milton Nascimento e Wagner Tiso,
"Coração de estudante"

<u>fase dois</u>
terra úmida

capítulo 9
toda quase morte é o maior motivo para os afetos ganharem ainda mais força

A pele que foi rasgada pelo tiro não era lisa. Viver acumula ranhuras que podem parecer bobagem quando percebidas isoladamente. Basta ampliar a lente de ver as dores e sentir que, no conjunto, elas vão fazendo um tipo de queloide que insiste em repousar entre o descompasso do coração e a respiração ofegante.

Eu tinha só treze anos, e isso não quer dizer que tenha sido protegido de viver. Eu jamais quis ser protegido de viver. Eu talvez tenha feito um contrato com a vida que inclui o desejo de ter a intensidade como a pele definitiva e incontornável.

O medo, a tristeza e o espanto com o que eu tinha vivido receberam um contorno do amor mais primordial. Minha mãe e meu pai, duas pessoas que nasceram para descobrir formas preciosas de amar, decidiram transformar o trágico em amparo. Eu recebi deles até as formas de cuidado mais inesperadas, pouco afeitas aos seus modos tímidos de ser. A casa virou silêncio, que virou beijo. O amor deles fez frente ao antagonismo do primeiro ímpeto de desistir.

Não que tivessem resposta, tampouco que soubessem lidar com o absurdo. Desconheço alma humana capaz de saber previamente como enfrentar absurdos inéditos. Mas eles me ensinaram que aprender é para os vivos. E que, se estavam ali, postados diante da dor, aprendendo a ser chão para um garoto que havia perdido um tanto de sua fé no humano, eu testemunhava uma sala de aula pulsante, sem lugares marcados de professor ou estudante. Talvez tenha sido ali minha primeira grande experiência freireana. Ser aprendiz é caminhar junto, e é a única forma que há de haver para desacreditar no desalento como fim.

Os amigos sempre estiveram ao lado – muito mais do lado de dentro do que do lado de fora. Sempre senti os amigos como um pedaço de mim – muito mais do que parte, participantes. Meus amigos nunca complementaram família alguma; eles sempre foram outra expressão afetiva que não precisava estar acima ou abaixo de nenhum coletivo primário.

Amigos sempre me foram moléculas aglutinadoras, equacionando soluções para perguntas sequer enunciadas. Amigos merecem ser mais do que pano de fundo: são toalha de mesa, são coisa bonita de se colocar para a melhor visita entre corações. Isso vale para qualquer versão minha: pequeno, médio, grande, com barba branca. Sou amigueiro, quero mais um e mais outro, nomeio facilmente e trago para dentro daquilo que chamo "ao lado".

Depois do tiro, vieram de todos os cantos, assombrados, me deixando abraços, fazendo visita ao braço engessado, desenhando corações amorosos e assinando rubricas adolescentes que queriam ter o poder de sentenciar melhora imediata ao braço e à alma. Tocamos muito violão, cantamos Cazuza e Renato Russo, Blitz, Titãs, Rita Lee, Chico, Caetano, Gil, Djavan, Bethânia, Gal. Houve choro e colo, gargalhada e silêncio constrangido sem saber o que dizer.

Eu consigo me lembrar muito mais dos momentos em que ninguém sabia o que me dizer. Dizer "a coisa certa" nunca me foi importante, e sim estar ao lado. O fato de ter minhas emoções desencontradas sendo respeitadas pelos meus amigos provocou uma reação também inédita, tão estreante em meu repertório emocional quanto toda a história que me rodeava. Eu continuava com a Esperança mais-que-adormecida. Não era ela que me levantava para a vida. Eu agia sem a companhia de qualquer esperançar. Era a força do encontro fraterno que me impulsionava.

Palavras me surgiam em silêncio, como nova forma de narrar o amor, quando os amigos me tomavam pelas mãos. A experiência comunal, de quem não tinha muito a dar, mas tanto recebia como convite afetivo, me emocionou derradeiramente. Eu nem precisava dizer que não conseguia; eles me carregavam para as brincadeiras e encontros mesmo assim. Ao desobedecerem a meus desalentos com alguma delicadeza, transcendiam o que eu imaginava ser impossível.

Estar ao lado é a forma mais intensa de estar do lado esquerdo do peito, dentro do coração. Assim fala Milton. De mãos dadas com tantos afetos que me apareceram, eu deixei finalmente a Terra Seca.

Quando aqueles braços se fizeram a extensão do meu antebraço fraturado, eu finalmente consegui enlaçar algum futuro. Eu podia sentir que a desesperança não era maior que o impossível. E o impossível se fazia realidade naquele encontro grupal. Ninguém entendia bem o que estava acontecendo ali, apenas se seguia alguma noção comunitária que falava de amizade e de solidariedade. Mas o resultado em mim foi muito maior do que a soma dessas duas palavras.

Ao lado deles, sendo andarilhos da Esperança coletiva, eu entrava na Terra Úmida.

capítulo 10
o acolhimento é a força que une mais de dois lados

Ailton Krenak tem sustentado que um dos meios de adiarmos o fim do mundo é praticar o reencontro mais genuíno entre as pessoas.

O fato de termos nos acostumado a estar com "várias camadas de separação entre os corpos" promove o que tenho chamado até aqui de desesperança. Dentro dessas camadas de separação, temos elementos de nossa forma de vida que vêm nos retirando da convivência mais saudável e necessária ao viver. Não percebemos que não percebemos, mas o afastamento da convivência como um hábito é uma das forças mais contundentes que nos levam à perda de sentido na vida.

NÃO É PRECISO ESTAR PRONTO

Estamos incomodados com tudo o que ainda não fizemos ou, pior, com tudo o que ainda não somos. Sentimos que não podemos encontrar o outro enquanto estivermos nesse estado de "preparação", ficando supostamente prontos para podermos nos apresentar ao outro. Temos muito medo do julgamento. Sentimos que as pessoas não nos perdoarão por estarmos mal.

E veja que "mal" não quer dizer necessariamente à beira do precipício, mas um adolescente pode muito bem achar que não tem condição de ir à festa porque está com uma imensa espinha no rosto. De certa forma, continuamos a ser esse adolescente, e o medo do encontro pode ter outras formas: a espinha no rosto pode passar a ser o corpo gordo, pode virar a vergonha pelo desemprego, pode ser um filho que se comportou mal. Tudo aponta para nós, pessoas-máquinas que precisam produzir, apresentar resultados com um botão que se liga e que apresenta a previsibilidade da programação de uma cultura.

Essas várias camadas de separação entre os corpos de que Krenak fala vão definhando nossa autoimagem. O processo é catártico, mas pode ser silencioso: quanto menos somos percebidos pelo mundo que nos interessa, menos nos sentimos dignos de pertencer a ele. Quanto mais dureza nos espaços que frequentamos, menos disposição temos para sermos nós mesmos, por medo do rechaço e da exclusão. Há vidas que transitam entre mundos que as rejeitam, mesmo que essa rejeição seja velada. O final de um dia cruzando os ponteiros do relógio e as luzes da cidade sem sentir que somos percebidos pelo mundo (ou até mesmo nos sentindo violentados por ele) é o que gera a Terra Seca em nós.

Por isso eu sustentei que ninguém sai sozinho da Terra Seca. O desalinho interno em que entramos só é tratado coletivamente. Quando desabamos, percebemos que o retorno à superfície da vida acontece na profundidade dos afetos. Precisamos de gente que não tema o encontro. Merecemos encontros com pessoas que não esperam que sejamos infalíveis, que não nos cancelem no primeiro equívoco ordinário. Florescemos porque há sempre pessoas dispostas a unir nossa voz às suas escutas atentas. Essas pessoas estão longe, distantes, inacessíveis? Como confiar em gente depois do impacto da decepção? Como fazer dessa aproximação um espaço de reconstrução de vínculos que seja de fato fortalecedor?

O "ESCUTAR BONITO"

Nossa tarefa é vencer o individualismo como premissa cultural. Não, não seremos felizes a partir da ilusão da independência como marca de força indestrutível. Somos interdependentes, como nos ensinou John Bowlby, psiquiatra inglês criador da Teoria do Apego. Ele nos relembra que a saúde mental é uma coleção bem-feita de afetos que se entrelaçam. Todos temos o direito de escolher quem faz parte desse conjunto de amores – amigos, familiares, parentes, colegas de trabalho, vizinhos, profissionais com quem nos tratamos, e até mesmo as pessoas que não conhecemos mas que nos apoiam, como aquelas que gostamos de seguir na internet.

Podemos pensar assim: quanto mais nos conhecemos, mais sabemos quais são os valores que nos são primordiais.

A nossa coleção de amores (ou "rede") precisa ter muita gente compartilhando esses valores. Podemos estar recheados de pessoas, contudo termos a sensação de solidão absoluta. Sua rede de afetos tem a sua cara? Eis mais um motivo para a Jornada da Esperança: ser refugiado dentro da sua própria rede de afetos, sentindo-a como um lugar inóspito para estar.

Precisamos de gente que queira, como disse Rubem Alves, "escutar bonito". Gente que fala bonito não é necessariamente gente para compor nossa rede. Se estamos mal, precisamos ser escutados, e não assistir a palestras de gente pronta e ótima na vida. Não precisamos de mais culpa nem de nos sentirmos menos capazes como adultos.

Precisamos de gente que queira também se desanestesiar. Afinal, em terra de smartphone, quem tem escuta é rei. Por isso eu afirmo: o encontro na Terra Seca termina por umedecer os dois lados da conversa. Uma pessoa está desistida, e é suavemente apoiada por alguém que a escuta. Acontece que essa pessoa que escuta também tem lá suas dores, seus lutos, suas lutas e suas palavras não ditas. Ela também pode ser uma refugiada. Ela também pode precisar de Esperançar para viver, neste exato momento. Talvez para ela seja mais fácil começar a jornada escutando alguém, e de repente a ressonância entre as histórias a comove, a faz sentir, pensar, querer coisas novas para si.

Paulo Freire falava disso sobre os educadores, que ninguém era somente professor ou aluno. O ambiente de aprendizagem interferia em todos os processos de vida ali imersos. No final, somos todos aprendizes na matéria mais interminável de se conhecer: o sentido da vida. Perder o sentido é muito fácil. Perdemo-nos daquilo que nos alimenta a alma é mais fácil ainda. O reencontro pode acontecer como a felicidade que Guimarães Rosa nos relembra, em momentos de descuido.

MÃOS DADAS QUE POTENCIALIZAM

Uma vez imersos num diálogo que nos retira da Terra Seca, uma vez começando a sentir os pés caminhando rumo a algum lugar que não seja a imobilidade, a impotência e o desalento, somos Terra Úmida. As mãos dadas representam a colaboração que pode potencializar as duas vidas, ou as inúmeras vidas de uma rede que caminha junto.

Quero contar de um grupo terapêutico que eu mediei por alguns anos, em São Paulo: um grupo de luto parental, composto de mães e pais que tinham perdido seus filhos. Era um encontro de Terras Secas. Cada pessoa chegava ali e se aninhava tão somente na própria dor enquanto não conhecia ninguém ou não se sentia à vontade para falar. Mas aquele era um espaço de existir com aquele tamanho de dor, sem julgamento por ela, e sobretudo com a forte sensação de essa dor poder ser escutada em todo o seu volume.

Quando a morte passa pela vida, as pessoas somem de perto, porque não querem ser invadidas por tamanha dor. Afinal, escutar uma pessoa enlutada é poder vir a sentir dor pelos lutos que nós, os escutadores do luto alheio, andamos guardando em caixas escondidas. Ali, naquele grupo, todo mundo podia gritar, chorar, fazer o silêncio mais desesperador e incômodo com sua dor.

À medida que a conversa cumpria seu curso, a união entre escuta respeitosa, poder falar o que se sente e haver gente com histórias de dores semelhantes produzia um laço fortíssimo. Não foram poucas as noites em que as pessoas voluntariamente foram se abraçar, chorar junto, saíram juntas, se deram carona, fizeram amizade. Não era raro ver algum sorriso saindo dos rostos banhados de lágrimas. O encontro fazia aquilo acontecer: a solidariedade umedece o arrasamento do coração. A disponibilidade para escutar melhora todos os corpos com várias camadas de separação entre si.

Quando somos acolhidos, sentimos que há saída. Não estou dizendo que a escuta retira o sofrimento da vida. Há um desamparo próprio do ato de existir, e dele não fugimos, podemos até fingir que não o percebemos, podemos até passar tempos e tempos cheios de anestesias para ele. Mas o sofrimento é parte, não todo.

Quando sentimos que não há mais forma de continuar, há uma dor que precisa ter um nível de amparo diferente dos cumprimentos superficiais. Quando somos escutados, há uma força coletiva que aduba a terra em que pisamos. Percebemos que estávamos num tipo de sofrimento específico: a estiagem humana. Quando somos escutados, nossos chãos cessam o processo de desertificação.

Alguém foi a irrigação de nossa solidão. Alguém chegou e entregou o que é provavelmente o maior bem de nosso tempo: a disponibilidade para o outro, em qualidade real de presença.

A escuta gera palavra bem-dita, pode gerar lágrimas mas também faz brotar sorriso, silêncio, novas ideias, a troca de um "não tem jeito" por "talvez, quem sabe?". É no encontro, é nos encontros com gente disponível para escutar nossas dores que a Esperança vai se construindo.

MESMO QUE SEJA NA ARIDEZ

Para escutar bonito, é importante entender que há beleza na aridez, e que é dessa fenda que podem nascer novas paisagens. Para escutar bonito, ninguém precisa ser psicólogo, mas há um pré-requisito, sim: querer fazer mais silêncio do que falar. Não precisa saber respostas adequadas, até porque os problemas que nos deixam na Terra Seca são complexos demais para serem facilmente resolvíveis. Fazer companhia é o bastante. Interessar-se genuinamente pelo outro é o suficiente, e tem sido enorme por estar rarefeito.

Nós merecemos ser escutados. Todas as histórias são importantes e não precisam ter um final redentor ou de superação. É o encontro que pode justamente fazer o movimento acontecer. Escutar é caminhar junto. A Terra Úmida mostra sua fertilidade generosa, produzindo vida em todos os corações envolvidos.

capítulo 11
envolvimento é o contrário de solidão e é a água de fazer destinos

A tragédia nunca é o fim. Ela é o instrumento de muitos encontros que se sucedem ao horror.

Quando nos resgatam de nossas solidões, as pessoas que nos rodeiam se envolvem com nossas dores. Isso tem uma beleza impressionante, mas também tem um custo. É importante deixar a pessoa sofrente um pouco sozinha, para que ela possa ter tempo para elaborar tudo o que está vivendo e conversando. Ninguém é capaz de salvar ninguém de sua própria dor. Tudo o que podemos ofertar ainda deixa a pessoa inevitavelmente cheia de vazios. No entanto, ela se sente provavelmente mais capaz de seguir adiante.

O que mudou? Provavelmente, a sensação de envolvimento. Alguém olhou de frente para mim, alguém viu a minha fragilidade, alguém compartilhou um tempo escutando tudo o que sinto, e ainda assim o laço continua. Eu posso continuar em meus precipícios, com um pouco mais de segurança de não ser abandonado aqui novamente. Eu posso navegar pelo profundo da dor, e descobrir-me capaz de passar por ela e entender seus caminhos em mim.

Não vou morrer de solidão. O desamparo deixa de ser desespero de caminhar sem rumo. Assim, começa um envolvimento com a própria história, num nível mais profundo, com tempo para o silêncio e tempo para a palavra. Com a vontade do encontro e com a vontade de estar em reflexão – talvez na natureza, por exemplo.

FRESTAS DE LUZ

Encontrar-se com o outro é também encontrar-se. Quando o encontro é belo, ele produz vida, umedece a Terra em que caminhamos, porque é a materialização do que Krenak diz sobre "pisar suavemente sobre a Terra". O encontro humano genuíno é um toque suave sobre o tempo. Por ser suave, não violenta ainda mais a dor. Por ser suave, por ser escuta, vai aguando o presente e deixando frestas de luz entrarem onde antes havia pura escuridão.

Quando somos envolvidos num laço amoroso que nos ampara, ganhamos nutrição para envolvermo-nos com nossos precipícios. Podemos ficar na beira da vista mais temida sem que o medo nos petrifique. Como estamos conhecendo gente que pode inclusive ter dores conhecidas, podemos a partir dessas dores comuns ir ganhando um pouco mais de confiança nos vínculos novos. Quem sabe a vida não volta a acontecer de uma forma bem nova? Quem sabe aquelas pessoas que estão chegando não têm a contribuir com quem estamos prestes a ser?

O encontro humano
genuíno é
um toque suave
sobre o tempo.

O movimento na Terra Úmida produz uma ampliação da consciência sobre a vida. Afinal, ela não é apenas a soma de dores vividas. Ela também é cor, brilho, leveza, surpresa, irreverência, gargalhada, abraço, beijo, tesão, dança, flor. Viver uma dor dilacerante pode nos afastar por muito tempo dessas dimensões do viver.

Quando estamos com gente que nos entende, quando estamos com gente que nos convida a falar e a ser, há uma dança acontecendo em forma de palavra. A conversa, o abraço acolhedor, é uma prévia do que ainda podemos ter de vida, bastando continuar a jornada. Aos poucos, com delicadeza, pisando suavemente sobre a Terra, podemos redescobrir o sentido do prazer. Quanto mais acessamos nossas dores, mais ganhamos maturidade existencial para perceber que sofrer e gozar podem estar contidos num mesmo dia, com igual potência de impacto sobre nós.

Não há por que deixar uma parte de fora de nosso caminho, se assim desejarmos, se assim pudermos acessar o que desejamos. Quanto mais ardente for o desejo de viver uma parte da vida, mais podemos levar esse desejo para o caminho da Terra Úmida. Os desejos novos, incompreensíveis, estranhos, ambivalentes, fazem mesmo parte de sentidos para a vida que se descobrem como aparentes pedras no meio do caminho.

AFETO, O ALIMENTO MAIS POTENTE

Uma vez eu atendi um homem jovem, de menos de 30 anos, fisiculturista, que tinha feito tanto uso de anabolizante que não conseguia mais ter uma ereção havia mais de um ano. Ele temia que aquilo fosse definitivo. Foi se isolando, terminou com a namorada, deixou de ver os amigos. Ele costumava ser o tipo de amigo que combinava as saídas para os bares, que animava todo mundo a estar junto. Essa força foi se esgarçando, ao longo dos meses.

A falta da ereção era uma metáfora para sua imagem viril, construída com sacrifício, músculos e muita ostentação. Na primeira sessão, numa cena comovente, ele olhou para mim e pediu que eu não o abandonasse, aos gritos, chorando, lágrimas que talvez estivessem guardadas havia tempos.

Dei-lhe as garantias de vínculo, começamos um trabalho que se estendeu por meses a fio. Em meio ao recolhimento que havia tomado todo o tempo e deixado aquele homem sem vida, ele percebeu que tinha passado muito tempo com uma lacuna importante de sentido sobre a própria vida. Quando a virilidade deixou de ser performática, sobrou pouca coisa de uma identidade que tentava se garantir na musculatura de uma imagem frágil demais para resistir a uma impotência.

Aos poucos, fomos conversando sobre outras dimensões da vida que ele deixou de lado. Era técnico de enfermagem recém-formado, mas gostava de ler sobre moda.

Achei interessante aquela conversa: de um corpo que se mostrava possível somente na virilidade, passávamos a conversar sobre a alquimia das texturas e cores. Falou da avó, com quem tinha um vínculo forte, que tinha sido a ancestral que o ensinara a costurar. Voltou a estar mais com ela. Recolheu retalhos de tempo que tinham ficado esquecidos, trouxe histórias belas de quem ele tinha sido.

A potência da vida foi voltando com a costura, cada vez mais interessante como produção de vestes novas para os dias. Em dois anos ele estaria acrescentando mais um ofício à rotina, amparado por um grupo de amigas de sua avó. Ele as ajudou a organizar uma pequena empresa de costura e reparo de roupas, e com elas reencontrou um tanto de sentido para sua vida. Um grande passo para quem, antes, achava que somente seria incluído no mundo por meio de atributos físicos que, ali, tinham pouca ou nenhuma importância.

A coisa foi tão forte que, em algum tempo, a impotência sexual não aparecia mais como conteúdo das sessões. Ele queria conversar sobre a potência do encontro humano, da roupa como espaço de prazer e instrumento de expansão do sentido de ser homem, a beleza que inventava sensações novas. Os novos caminhos que lhe deram sentido inédito não estavam prescritos anteriormente.

Quando ele chegou ao meu consultório, pude sentir a aridez de sua Terra Seca. Aquelas mulheres idosas lhe trouxeram a calma úmida, a tranquilidade do amor muito disponível, o abraço generoso que deu musculatura à sua recém-nascida Esperança. O alimento mais potente que ele recebeu nessa virada surpreendente de vida foi o afeto, a imensidão de água de fazer destinos.

capítulo 12
a brincadeira é um dos rebentos desse tal caminhar

"Bola de meia, bola de gude" é uma das músicas mais belas do Mestre Milton. Ela começa com assobios, e isso não deve ter sido acidental. Ainda antes de a palavra ser cantada, ele vai nos conduzindo de volta ao tempo em que nossas fantasias eram mais importantes que as realidades ainda desconhecidas. Como éramos nós no tempo em que assobiávamos em direção à turma, à brincadeira, à invenção? Há mesmo um menino dentro de nós? Esse menino sobrevive intacto em momentos de desespero adulto? Como fazer para reencontrá-lo, sem parecer ridículo?

Milton nos convida a esse reencontro em "Bola de meia, bola de gude". A Terra Úmida é o momento de permitir que ele aconteça. Aqui, já temos companhia para brincar. Porque esperançar merece ser a convergência entre a leveza e o recomeço:

Há um menino, há um moleque
Morando sempre no meu coração
Toda vez que o adulto balança ele vem pra me dar a mão

Há um passado no meu presente
O sol bem quente lá no meu quintal
Toda vez que a bruxa assombra o menino me dá a mão

E me fala de coisas bonitas
Que eu acredito que não deixarão de existir
Amizade, palavra, respeito, caráter, bondade, alegria e amor

Não é possível voltar a ser quem já fomos. Há, no entanto, a memória do que existiu, do que pudemos ser e sobretudo dos sonhos que não se realizaram. Na hora de buscar a infância como recordação, vale a pena lembrar com o corpo inteiro: colocar uma música, assistir a um filme, visitar lugares em que a brincadeira aconteceu, conversar com amigos daquela época, rever fotos, dançar com as coreografias que não existem mais (e que fazem a gente rir fácil, coisa de que só a interseção entre a memória e a brincadeira é capaz).

MEMÓRIA VIVA E PULSANTE

Voltar à memória é o que temos, por mais que possam vir elementos doloridos. Se vierem lágrimas de dor junto da gargalhada, é sinal que a memória está viva, pulsante, e nós estamos em contato com a contradição que nos marca. Se for só gargalhada, melhor ainda. Mas estou falando disso aqui para você não se imaginar fazendo recordações somente às velhas infâncias, de forma lúdica e sem ranhuras.

Não voltamos a ser aquela criança, mas podemos resgatar aquela disposição para brincar. Ela não morre jamais. Ela pode adormecer, ressecar, desistir temporariamente, mas a brincadeira é parte incontestável da experiência humana. E adultos mais saudáveis sustentam o brincar em suas vidas cotidianas.

Brincadeira de adulto não pode ser trabalhar. Brincar é distensionar, é não se angustiar com boleto. Brincar é roda de samba, é jogo de tabuleiro, é o corpo acompanhando algum sinal da natureza, é água molhando a pele cansada, é sexo bom, consentido e cheio de tesão. Brincadeira de adulto é correr sem métrica, sem fazer daquilo a coisa mais séria deste mundo. É testemunhar o pôr do sol em silêncio, escutando música que envolva a disposição de estar vivo.

Brincar é possível, a qualquer momento. Eu acho que precisamos deixar de brincar entre adultos só de memes, e trazer o corpo para a cena, abraçando, suando, gargalhando, lembrando, se emocionando, na dança entre lembrar, não querer esquecer, encontrar e reencontrar-se. Toda vez que ficamos áridos, o menino vem pra nos dar a mão. Escutemos as coisas bonitas que esse menino conta, no sol quente lá do quintal, em "Bola de meia, bola de gude".

Pois não posso, não devo, não quero
Viver como toda essa gente insiste em viver
E não posso aceitar sossegado
Qualquer sacanagem ser coisa normal

Brincar é uma forma de resistir à ideia de que tudo está perdido. Quando brincamos, instaura-se imediatamente a chave do tempo. Porque o tempo ressecado é uma porta trancada com chave, impedido de mostrar-nos possibilidades. Quando o tempo resseca em nós, ele traz amargura e certa visão sombria de tudo. Essa porta do tempo se abre na brincadeira. Voltar a brincar é coisa séria demais para se conquistar: ao nos percebermos sorrindo com uma cena besta qualquer, prestemos atenção. Como aconteceu uma vez, pode acontecer de novo. E de novo. E, quanto mais bem acompanhados, melhor estaremos na brincadeira.

Brincando, a porta do tempo se abre, e nos sentimos de volta ao passado, ao presente e ao futuro, sem que uma linha os ligue, sem que sejam antes-durante-depois. Brincar é como extrair certa seiva do tempo, que só é acessível no momento em que estamos disponíveis para simplesmente abrir a porta do tempo para a delicadeza. Em "Bola de meia, bola de gude", Milton descreve esse chamado.

Bola de meia
Bola de gude
Um solidário não quer solidão
Toda vez que a tristeza me alcança um menino me dá a mão

Escutar a tristeza é importante. Brincar depois de escutá-la também. Ter escuta para a dor não invalida nem é antônimo da vontade de distensionar, relaxar, descansar do próprio sofrimento.

Enlutados, se quiserem, podem brincar. Deprimidos, ansiosos, qualquer diagnóstico que quiserem pensar. Desconheço condição humana que seja impeditiva de brincar, quando a pessoa assim tiver vontade. Quando houver temor à brincadeira como se ela fosse um pedaço de loucura, melhor ainda. Nada melhor do que um pouco de loucura para salvar-nos da mesmice da dor. Por isso somos complexos: porque não conseguimos ser uma linha tênue, uma paleta de cores em tons pastel. Sofremos, gozamos, silenciamos, gritamos, gargalhamos – às vezes num mesmo dia.

Quanto mais umedecidos de amor, pés caminhantes e boas pessoas à volta, mais a brincadeira aparece como companhia. Quando a brincadeira nos faz companhia na Terra Úmida, nos lembramos de que somos feitos de laço, e de que a solidão não é nosso destino derradeiro. Quando a rigidez se envergonha de só saber desistir, a porta do sonho volta a se abrir. E voltar a brincar pode ser um dos melhores convites que nos façamos.

capítulo 13
em meio à terra úmida, a terra seca pode estar bem perto

Caminhar para produzir Esperança não é uma experiência linear. Aliás, se alguém imaginar alguma rota como linear no desenvolvimento humano, provavelmente estará carente de maior complexidade em sua percepção. A Jornada da Esperança nada tem a ver com a noção de progresso ou de desempenho. Não estamos pensando nisso para você se mostrar eficiente ou "cada vez melhor, retrocedendo jamais". Esse tipo de pensamento é o contrário do humano. Nós somos cheios de ranhuras, contornos, arestas e lados contraditórios. Queremos e não queremos: "Onde queres descanso sou desejo, e onde sou só desejo queres não", como diz Caetano em "O quereres".

Conseguir coisas na vida (passar de ano, começar um relacionamento, produzir um relatório, finalmente incluir o exercício como rotina etc.) é uma decisão que tem aspectos sempre divergentes. E não é questão de "lutar" contra nossa condição, mas de conversar com ela. Escutar a contradição. Aceitar que faz parte do caminho o trajeto dele não acontecer em linha reta e ascendente. Por que você acredita que precisa caminhar sempre pra frente?

Caminhar para
produzir Esperança
não é uma
experiência linear.

Quem te ensinou essa forma de desumanizar seu caminho? Com quem você aprendeu que não há quedas, desvios da rota, emoções desencontradas provocando ações não programadas no caminho?

NÃO ESPERE LINHAS RETAS

As linhas que nos levam a qualquer lugar na nossa biografia são tão complexas que jamais caberiam em uma linha – a menos que ela fosse construindo um elo constante entre o que fomos e o que sonhamos. Temos o direito de querer voltar, temos o direito de ter angústia diante do novo, mesmo que esse novo seja aparentemente melhor do que nossa dor anterior. Temos o direito de cair no meio da caminhada, por sermos atropelados por uma questão qualquer que nos derruba. Temos o direito de voltar a pensar, a sentir, para resgatar pedaços nossos que ficaram pelo caminho. Temos o direito de chorar quando precisamos retornar a um lugar anterior que nos faz sofrer, mas que não conseguimos evitar. Temos o direito de recuperar o direito de sermos tão somente humanos.

Estar na Terra Úmida, sentindo-se em mínimo amparo, recomeçando a perceber alguma lufada de vento quente no rosto depois de tantos invernos glaciais na cara da leveza, não é garantia alguma. Pelo contrário: as Terras Seca e Úmida são contíguas, vizinhas de muro. Há muito pouco o muro interno que separava a desistência da caminhada foi quebrado o suficiente para dar passagem ao movimento.

Voltar a esse estado – conhecido, íntimo, demorado de sair – é uma possibilidade a qualquer momento. Eu diria que é mais humano imaginar que façamos essa jornada passeando pelas "fases" como quem experimenta o sorriso e o torpor das idas e vindas de uma dança inevitável. Está longe de ser uma delícia voltar a uma condição mais densa. É triste, e pode ser desolador. A queda para trás costuma doer mais.

REVISITE O QUE JÁ FEZ

Devolva-se esse direito, essa possibilidade e essa quase previsibilidade. Reconte outras fases em que você esteve se refazendo de grandes tombos. Entregue lupa à memória, dando-lhe asas para nomear o que foi feito em letras pequeninas. Houve momentos de rendição ao nada, à dor, depois do pior já ter passado. Enquanto o belo já começava a dar as boas-vindas, o sofrimento passado estava ali, no mais presente dos momentos. Eu não costumo ver isso como uma perda de tempo, mas como uma pergunta: o que aconteceu para isso acontecer? Volte a resposta para sua história, para seu jeito de fazer algo realmente novo, carregando consigo as cicatrizes e feridas abertas que de repente te puxam para trás.

Imagine-se caindo de novo, e virando um "duplo", um clone. Como se você fosse uma pessoa na Terra Úmida e outra na Terra Seca. O "você" menos doído dá as mãos ao "você" em queda, e triste por estar no chão de novo. Se não der pra abraçar, fique por perto. Escute a dor da nova queda. Deixe o seu "você" na Terra Seca falar, gritar, chorar. Esteja ali por perto – não se abandone.

Se for inevitável e não der pra fazer esse exercício de desdobramento, chame uma pessoa da sua rede de afetos mais uma vez, peça ajuda, não fique sozinho diante da nova queda. Isso poderá acontecer inúmeras vezes, e em todas elas você terá merecido as mãos e a escuta generosa. Toda queda na Terra Seca merece um abraço – quantas vezes ela estiver acontecendo, ao longo da Jornada da Esperança.

E há que se cuidar do broto

Milton Nascimento e Wagner Tiso,
"Coração de estudante"

<u>fase três</u>
broto

capítulo 14
o tempo para quando o amor resolve passar

O tempo da adolescência e da adultez jovem não é separado por grandes fronteiras. Foi muito rápido o processo de estudar demais, organizar festas como representante do grêmio escolar, fazer vestibular e entrar na faculdade.

Da primeira faculdade, Economia, entrei e saí muito rapidamente, numa decisão que me gerou maiúsculas doses de sofrimento. Eu tinha aprendido a ver a desistência como fracasso, e não como a saída para pertencer melhor ao mundo. Eu me sentia angustiado, amedrontado, com quase pavor de não dar em nada, pelo efeito comparativo geracional: meus amigos de escola já estavam no meio do curso superior e eu lá na carteira do primeiro semestre, começando outro.

Do tiro até a entrada na Psicologia foram várias jornadas da Esperança trilhadas sem a menor consciência de que eu estava renascendo mil vezes. Eu cantava Chico Buarque de olhos fechados na rua, dançava mal nas festas, lia demais, fazia amigos e celebrava a vida, com o mesmo ânimo em sofreguidão de que a dor um dia cessasse. Acontece que nenhuma dor de existir termina completamente. Ela apenas encontra espasmos de trégua.

Um dia, uma colega de faculdade me chamou para ir até a sua casa para fazermos um trabalho de grupo. Era uma tarde qualquer, já que eu trabalhava durante as seis primeiras horas da manhã no aeroporto. Estávamos pensando sobre como colocar ideias no papel, debatendo com fervor um filme que estava à procura da nossa compreensão.

Em um rastro de tempo que desfalcou minha atenção, desce a escada de caracol a filha da minha colega. Ela tinha alguns anos a menos do que eu, estava no final do ensino médio e ainda usava uniforme escolar. Enquanto ela buscava algo (mochila, chave, alguém para levá-la a algum lugar?), eu vivi uma epifania. Na hora, naquele segundo, escutei "As Time Goes By", que nem era uma das minhas canções mais escutadas. Mas ela tocou, categórica, dizendo: "Você deve se lembrar disso: um beijo ainda é um beijo, um suspiro é apenas um suspiro, as coisas fundamentais se aplicam conforme o tempo passa".

Eu escutei a música, a mensagem e a razão daquela audição se fazer presente: o encantamento estava batendo à minha porta. Foram segundos em que meus olhos talvez tenham ficado em suspenso. Afinal, eu tinha tanto para ver e nenhum lastro previsível que me amparasse na visão de futuro.

Eu me lembro do pensamento que fez companhia à minha serenidade estranha: "Eu vou me casar com essa mulher".

Ao longo do ano seguinte, ela me desentendeu fortemente. Afinal, eu era o contrário do que seria a nossa música-trilha sonora, "Futuros amantes", de Chico Buarque. Ele me insistia como mantra: "Não se afobe, não, que nada é pra já, o amor não tem pressa, ele pode esperar em silêncio". Eu era todo o contrário: agito, agonia, falação.

Ela se assustou, obviamente, e ficou entre o longe e o "quem sabe um dia". Esse dia chegou, numa sexta-feira de maio de 1997. O primeiro beijo alardeou finalmente o silêncio de que Chico tanto tentara me cantar. Era ali a minha chegança. Nada seria pra já. O eterno acontece em beijos salientes. Durante os tempos seguintes, o encontro com Dany seria sempre uma anunciação: o futuro se afobava em silêncio, tentando caber num instante breve.

O peito foi deixando de ser terra de ardência. O amor veio impávido, desmoitando tristezas antigas e arando a terra de respirar com parcelas de alívio. Eu, que já tinha amado, insistente, por cima de terras secas e úmidas, encontrava talvez a maior semeadura até ali. Tudo parecia muito diferente, porque advinha de um lugar novo. Depois de eu tanto caminhar, o amor me veio pedindo que eu me aquietasse para sentir coisa nova em mim. Entre a pele e a alma, entre o ar e a pulsação, o amor por Dany se fazia o nascedouro de uma desabalada Esperança, agora em forma de broto.

capítulo 15
o estado de encantamento pela vida começa a retornar

Chega de abrandar uma história que nasceu para ser grandiosa. O sonho é um devaneio bem-vindo, e sua ausência é amostra de secura. Sonhar não é coisa de fazer só dormindo. Sonhar é uma atitude que marca uma forma de estar em vigília – um despertar para si e para o que está do lado de fora. Sonhar é renegar qualquer narrativa sobre os dias que não contemple o desejo de ser mais, de engenhar algo que dizem por aí que não existe.

Ser humano é ser um tanto sonhador, um tanto realista, um tanto desistente e uma fatia generosa de insistência. O sonho é das coisas que mais arrefecem com o desalento. Deixamos de sonhar, assim como a criança deixa de brincar.

O sonho em nós, adultos, deveria ser uma categoria de preocupação coletiva como hoje são os gominhos da barriga, as fofocas de traição alheia e o boleto a vencer segunda que vem. Deveríamos perguntar "oi, tudo bem?", e em seguida poder emendar o papo com "e aí, com que coisas você tem sonhado?". E, quando a resposta fosse evasiva, que a comunidade em volta daquela pessoa pudesse se articular imediatamente e apoiá-la a reencontrar o sonho debaixo da terra arrasada.

QUANDO O CÉU VOLTA A EXISTIR

A coleção de afetos nos liga ao sonho porque vão sendo deixadas para trás as marcas de evitação da própria vida. Quanto mais sofremos, mais podemos nos refugiar em medos e afastamentos de tudo o que justamente teria a possibilidade de ser alguma redenção. Agora, já que os sentidos parecem ter voltado a acontecer com alguma presentificação, fica mais possível tocar na terra, cheirar o vento e quem sabe ficar entre a respiração, o suspiro e a lágrima emocionada.

Há pequenezas demais se amostrando, exibidas que são, e nem são sentidas como mínimas. Ganha-se um estado de confluência entre o que poderia ser pequeno e o que ganha ares grandiosos. Sair do quarto, tomar sol, encontrar amigos, escutar a própria gargalhada e estranhá-la de volta. Passarinho, flor, água, silêncio, estrela. Um sorriso de bebê, um olhar profundo de adulto. As páginas do livro quase se sucedem sem que dedos as ajudem a ir adiante. Os filmes voltam a emocionar um pouco mais.

Quando o sonho começa a voltar com alguma recorrência, com vontade de contar uma história ainda que por vezes fragmentada demais, estranha demais, inconstante demais, há algo novo em nós. Aliás, esperançar é ter a felicidade de encontrar coisas novas pelo caminho o tempo

Ser humano é ser
um tanto sonhador,
um tanto realista,
um tanto desistente
e uma fatia generosa
de insistência.

inteiro: amigos, lembranças, lágrimas, e agora sonhos. Os sonhos funcionam aqui como uma manta que coleciona todos os achados anteriores. Sonhamos porque amigos nos deram as mãos, porque choramos, porque desistimos de novo, porque nos lembramos de quem gostaríamos de ter sido e daquilo que ainda poderemos vir a ser. O sonho é o produto da solidariedade que marca toda a jornada. Só sonha quem se vê pertencente a um mundo que é possível ser chamado de seu, por algum fio tênue que seja ligando o que há e o que urge ser inventado. No meio do caminho da Esperança há pedras. Depois delas, há de haver a alegria de conseguir voltar a sonhar.

É como olhar para o céu com a poesia tendo retornado à alma, de onde andou fugida em tempos de Terra Seca. Adélia Prado, essa majestosa poetisa que me alucina com seus versos, é quem dá o tom aqui para dizer muito melhor do que eu em "Mitigação da pena":

O céu estrelado
vale a dor do mundo.

O céu volta a existir como um sonho, não somente como o espaço que sidera estrelas. E isso é mesmo bom de tornar importante, mais do que as dores que sentimos no mundo do peito. Essa tarefa é nossa. O retorno do sonho não é automático, tampouco chega como um bônus por cumprir um pedaço da jornada. O sonho é uma disponibilidade nova que se abre, mas para ele fazer morada precisa da vontade do sonhador. Há que se colocar palavra naquilo que é só sensação.

Sonhar começa com borrões, com sensações, ou, como Adélia Prado mesmo diria, conterrânea minha que é, "um trem". Mineiro sempre sente primeiro com um trem no peito. Depois é que esse trem vira palavra, que pode ser qualquer coisa, menos trem de ferro. Sonhar é fazer do trem no peito um monte de palavras que saem com a ajuda do suspiro, que demorou a chegar, mas enfim veio.

O encantamento pela vida se sente, e isso é o começo de mais uma vida nova, surpreendente demais porque éramos aqueles que não imaginávamos grande coisa no futuro.

Os pés podem ter bolhas, calos, cicatrizes e fissuras, mas acabam chegando não num lugar, mas num estado de espírito diferente. A Esperança retorna, num ornamento ainda frágil, mas cheio de formosura. A Esperança chega como um trem, no peito, apitando suavemente e deixando tudo em forma de sentimento. Como um broto.

capítulo 16
cuidar do broto de esperança, para ele remanescer

O broto é o nascedouro da Esperança, agora dentro do peito de quem está há tempos tentando sentir os dias de outra forma. É um movimento de autonomia, que vem depois da colaboração (as mãos dadas na Terra Úmida) que amparou o desalento (Terra Seca). A autonomia é um broto que nasce, naturalmente, de processos que escutam e que amparam.

Mas há que se cuidar do broto. Ele pode murchar. Brotos pedem um amparo tão fundamental quanto nós, quando estamos na Terra Seca. Fomos cuidados, e agora continuamos o ciclo virtuoso cuidando do broto da nossa Esperança.

Cuidar é um verbo importante para Paulo Freire. Cuidar é uma maneira de dar ao amor uma forma de movimento, como esperançar é uma maneira de dar à Esperança a mesma dinâmica. O cuidado é a prática do amor freireano, que é um amor que faz a liberdade nascer onde antes existia o contrário. O amor freireano não é nada romântico, ele é um amor político, comprometido, consciente e crítico. Sabe da dificuldade de ver brotos de Esperança nascendo em meio ao caos do mundo. O amor que Paulo nos ensina a praticar é um amor que cuida, e muito bem, de cada broto de Esperança como se ele fosse o único e o último.

Para cuidar bem, para amar bem, a raiva pode ser um excelente instrumento. E aqui precisamos fazer uma pausa para uma conversa franca sobre a raiva. Ela é um desentendimento entre nós, ocidentais.

O VALOR DA RAIVA

A raiva é muito criminalizada na cultura judaico-cristã, que influencia nossos comportamentos mesmo que não sejamos crentes em um Deus ou que tenhamos outro credo. É uma cultura muito presente entre nós, que deixa suas marcas na nossa forma de pensar, sentir e agir. E essa cultura criminaliza a raiva como se ela fosse uma emoção para ser domesticada. A domesticação da raiva está a serviço de uma cultura que normaliza o domínio, que passa pano para violências de todo tipo. A raiva que Freire traz em sua obra nada tem a ver com isso. A raiva que ele me ensinou a sentir, e muito bem, é a raiva que se indigna com o que não deveria ser, com o que promove sofrimento em uns a partir do privilégio de outros.

No meu livro *Cartas de um terapeuta para seus momentos de crise*, lemos "Uma carta da raiva, irritada por ser silenciada em tantos corpos". Vejamos o que a raiva nos diz nesse escrito direto e certeiro, como tinha de ser, e que nos serve aqui também nesta Jornada da Esperança.

Uma pessoa sem agressividade é um ser passivo, inerte, sem movimento de salva-vidas diante dos tsunamis. Eu tenho muita compaixão de tanta gente que vejo, com os olhos caídos de tristeza por não poderem fazer de mim uma aliada, por terem o grito transformado em discrição oprimida. Eu vejo estas pessoas e tenho vontade de dar-lhes um grito nos intestinos, para que elas sintam visceralmente o direito de se defenderem dos abusos que sofrem. Vocês fizeram isto de silenciar-me em tantos corpos, durante tantas gerações, como uma forma de demonstrar poder. Mas o poder em si não é negativo, porque há formas de se exercer uma boa autoridade sem partir para seus excessos destrutivos. A autoridade que faz o outro se calar é aquela que produz gente boazinha. Eu tenho medo de gente boazinha. Porque gente boazinha não se defende, aceita tudo como se o mundo não fosse composto de momentos em que os demais abusam, pedem coisas impossíveis ou degradantes. Gente boazinha não se indigna. E, veja, ninguém deveria perder o direito a indignar-se. A indignação é uma bênção, é um ato de amor-próprio e de amor pelo outro. Ela constrói gente com capacidade de sustentar o que quer ser. Gente boazinha quase nunca está satisfeita com a vida que tem, porque abre mão de coisas fundamentais para a sua existência autêntica. Eu sou uma defensora da autonomia humana.

Pensando agora, enquanto escrevo, acho que a raiva é mesmo em mim um legado freireano. Eu a imagino sempre como a força que impulsiona a vida que precisa acontecer. Ela é a propulsão da autenticidade e da autonomia.

É o berço da boa luta. É um estímulo que não cansa de dizer às nossas feridas que ainda há muito o que ser feito, e que não merecemos permanecer naquele estado. A raiva é o que nos leva adiante, mesmo se houver queda no meio do caminho. Cuidar da raiva, acreditar na beleza da boa luta, é uma forma de cuidar do broto.

Outra maneira de cuidar do broto é perceber em que lugares de nós ele nasce. Há brotos de Esperança nascendo em lugares inéditos, outros em lugares abandonados de nós, outros em lugares insondáveis. Em toda a jornada, há que se dar tempo para escutar o que o próprio caminhar vai promovendo de metamorfose em nós. A Esperança pode fazer broto em terras que nem sabíamos que existiam em nosso peito.

UM MOTOR DA BOA LUTA

Um dia, eu estava atendendo um jovem que tinha crises fortíssimas de ansiedade. Ele havia passado por várias fases, com ou sem terapia, crescendo lindamente entre todas elas, caindo e levantando, sentindo que estava progredindo ou regredindo. Depois de muitos anos convivendo com esse sintoma, passou um tempo sem acontecer. Ele se sentia curado. Mas eis que, depois de anos, esse jovem um dia sentiu novamente os ardores de uma forte crise ansiosa. À época, estava sem terapia. Ele me liga, marcamos uma sessão e ele me conta. "Não há forma de isso acabar?", ele me diz.

Eu entendia perfeitamente aquela sensação, porque talvez não haja muita coisa pior de sentir do que uma crise de ansiedade devastadora. Ele chorou muito naquela sessão. Na sessão seguinte ele retorna me dizendo que está fazendo boxe – coisa improvável para ele, que sempre se esquivou de muitos embates da vida através da profissão de cientista da computação. Ele estava exultante. Tinha um humor que poucas vezes aparecia na sessão. "Agora eu quero cuidar do que estou sentindo: não sou mais passivo diante da ansiedade. Eu estou lutando ativamente contra ela."

O broto que surgiu no peito dele a partir do boxe foi a sensação de agenciamento sobre o próprio mal-estar. Não podendo contar com o nocaute definitivo do oponente, o que podia ser inventado era uma postura nova de luta, ativa, altiva e proposta como cuidado.

Ao escutá-lo, lembro de meus olhos marejarem: ali, estava diante mesmo do amor freireano, motor da boa luta, fundamento do diálogo e o próprio diálogo. Cuidar do broto é conversar consigo o tempo inteiro, escutar a vulnerabilidade do que está nascendo e cuidar dela como quem ampara o filete de árvore nascendo da terra. O suporte contínuo a si mesmo pode ser um desafio para muitos de nós – acostumados ou a servir ao outro de forma incessante, como muitas mulheres foram erroneamente ensinadas a performar cuidado, ou com autodepreciação que impede que o cuidado consigo seja tão imperativo quanto com os demais.

O broto de Esperança que nasce no peito pode ser, também, uma nova pedagogia do cuidado de si. Sabemos o quanto foi difícil chegar até aqui, e há que se cuidar desse broto com o esmero condizente e coerente com a dureza da trajetória responsável por sua germinação.

O broto de Esperança
que nasce no peito
pode ser, também,
uma nova pedagogia
do cuidado de si.

capítulo 17
o broto é palavra, e conta histórias sobre o peito de onde ele nasce

Ailton me ensina a "cultivar o coração como quem cultiva um jardim". Você já entendeu que ele faz isso conosco: chama-nos ao mais essencial, ao mais simples, mas de forma que possamos renovar a percepção do que é simples com toda a nossa história aprendida até aqui.

Nêgo Bispo, outro contemporâneo de Ailton e também filósofo como ele, só que na tradição quilombola, me ensinou que precisamos deixar tanto desenvolvimento de lado e virar a bússola do coração para o envolvimento com a vida. Envolvimento como uma decisão de deixar, pelo menos às vezes, o modo acelerado e desatento às pequenezas, para assim poder cultivar o melhor de nós.

Cultivar o coração é envolvermo-nos com aquilo que estamos descobrindo de novo ou que vem como lembrança, a partir do broto e de tudo o que veio antes dele. Cultivar o coração com envolvimento é dar-se tempo para escutar as histórias que possam dar sustentação ao broto.

TANTAS HISTÓRIAS FÉRTEIS

Sabe aqueles pauzinhos que sustentam o broto nascedouro? A gente acha que precisa sempre tê-los ao lado, dando suporte ao broto frágil. Só que não. Na maioria dos casos, a estaca não é necessária (quando for, tudo bem, claro, mas é atípico). A pequena árvore pode desenvolver raízes melhores *justamente se não tiver estacas*. O balanço natural do encontro do broto com o vento melhora a fixação ao solo e fortalece as raízes. O broto é alguém que já consegue enfrentar com alguma elegância as intempéries do mundo. Ele fica melhor e mais robusto por justamente ser exposto a alguns tipos de elementos da natureza que nós, humanos, podemos perceber como "perigosos".

Por isso Paulo Freire vem nessa hora e nos relembra da autonomia como um processo intrínseco a toda a jornada. À medida que vamos nos transformando, temos também a necessidade de testar forças novas ou forças antigas, porém esquecidas. Queremos raízes mais fortes plantadas no novo chão de viver. Para isso, precisamos mais uma vez parar para cultivar o coração. O jardim da alma pede calma, enquanto, como canta Lenine, o tempo acelera e pede pressa.

Cultivar o coração com envolvimento, para fortalecer as raízes e nos sentirmos mais fortes. Isso pode ser conseguido com as histórias espalhadas no caminho. De novo a música-tema deste livro, "Coração de estudante", na voz de Milton, nos eleva a mais um acorde de Esperança:

Alegria e muitos sonhos
Espalhados no caminho

É hora de recolher as histórias, que servem como fertilizante para o broto da Esperança que acabou de nascer no peito. Histórias são como compostagem: um fertilizante feito daquilo que poderíamos simplesmente jogar fora. Podemos deixar o tempo transcorrer simplesmente vivendo um dia depois do outro – sim, é possível, e infelizmente muita gente só tem a possibilidade de viver assim.

O tempo para transformar histórias em fertilizante para o broto não é o mesmo para todas as pessoas. Isso tem a ver com privilégios ou vulnerabilidades sociais, características que marcam a diferença entre as pessoas dentro de uma sociedade que se sabe desigual. Por isso, a Esperança é uma luta amorosa, coletiva e sistêmica. Para quem pode, portanto, é o momento de aproveitar a pausa para recolher as histórias que ficaram esquecidas. É hora, também, de escutar as histórias que estão nascendo justamente por causa dessa Esperança renovada.

Aqui vale tudo: histórias de sofrimento que agora você tem mais condição de encarar, histórias de sabedoria de quem você admira, histórias de amor mal ou bem vividas. Histórias. Todas elas contam sobre você, apontam para caminhos importantes que lhe fazem sentido. Essas histórias vão adubar o seu broto. Você e sua autonomia tomam as histórias com as próprias mãos, e elas vão ser usadas para relembrar de tudo o que você foi, é e pode ser.

À medida que vamos
nos transformando,
temos também a
necessidade de testar
forças novas ou
forças antigas,
porém esquecidas.
Queremos raízes mais
fortes plantadas no
novo chão de viver.

Histórias que fertilizam o broto de Esperança

Tome o seu caderno de notas e traga para cá suas histórias. Você pode pedir auxílio para todas as suas formas de memória: fotos, vídeos, conversas com familiares e amigos de outras épocas da vida. Vale trazer quem você foi, mesmo que lá dentro haja uma voz sua dizendo: "Nossa, mas eu não sou mais aquela pessoa!". Eu sei. Mas nunca deixamos de sê-lo derradeiramente. Nossas versões anteriores estão colecionadas em nós, como camadas sobrepostas, que se conversam e, no final, continuam interferindo em quem somos e naquilo que podemos sonhar. O sonho voltou. Para reafirmá-lo, para fortalecer o broto, vamos às histórias.

1. Histórias duras: são aquelas que nos trazem memórias sofridas. Elas não são descartáveis, porque nos relembram coisas importantes de nós. Volte a elas, com um foco talvez novo: o que fez você conseguir passar por elas? Que características suas te trouxeram aqui, apesar e além da dor? Que pessoas, lugares, experiências você pode trazer dessas histórias para cá, agora, pensando que você está aqui, renovando votos com a vida? Por exemplo: pode ser que sua casa na infância lhe cause dor, porque foi lá que você sofreu abusos de toda sorte. Voltar a ela pode ser doloridíssimo, e isso é parte sim da sua vida e da sua memória. Mas você também brincou ali, também estudou ali, também teve cenas lindas com pessoas que não maltrataram você. Voltar a esta casa e poder dizer, agora, em alto

e bom som, o que você quer trazer da memória dela, que significou força, beleza, vida e broto de Esperança, pode transformar alguma coisa na sua maneira de contar sua própria vida. E isso faz toda a diferença!

2. Histórias belas: são aquelas que nos fazem suspirar, que nos fazem acalmar o peito, que nos fazem ter alegria de estarmos vivos. Elas servem muito para fertilizar o broto, porque trazem sensações de merecer a beleza, de encantamento pelo que é mais que humano, encontro com a natureza, emoção entre pessoas que se amam, reconhecimento daquilo que você é, respeito pelos seus valores mais fundamentais. Essas histórias são uma parte muito importante do fertilizante do broto. Traga-as lembrando do que você pode voltar a sentir, agora com alegria e muitos sonhos espalhados pelo caminho que está construindo. Elas embalam as histórias de dor, cuidando delas para que ao mesmo tempo não sejam esquecidas, e tampouco te desmereçam.

Juntar essas duas classes de histórias é o que faz do fertilizante algo mais forte. Não existe nada que seja fundamento que contenha somente a beleza. O biofertilizante fede, tem cheiro forte, é cheio de decomposição. O movimento de criação e recriação da vida em nós pede todo tipo de emoção, memória e sensação. A coragem de recolher esses pedaços de nós já está calcada nos pés andarilhos. Já foram muitas Terras Secas, Úmidas e agora um belo broto aparece querendo fortalecer-se em raízes que se firmam no novo chão e com um caule que sabe que enfrentará sol, chuva e vento. A vida não nos superprotege, e o mesmo devemos fazer com o broto e conosco. Fertilizar o broto é ganhar consciência sobre a própria história, aprendizado de ser e potência para continuar caminhando.

Pode ser que você já esteja sentindo: tudo o que fertiliza cresce, abunda, e oferta ao mundo o que recebe e produz. Você está prestes a florescer e frutificar Esperança por aí.

Pra que a vida nos dê flor
Flor e fruto

Milton Nascimento e Wagner Tiso,
"Coração de estudante"

fase quatro
flor e fruto

capítulo 18
a palavra é minha roupa de ir pro mundo

Uma coisa que eu posso assumir é que nunca fui arrancado do meu laço com a palavra. Foi com ela que me casei, na alegria e na tristeza, na secura e na florescência. É um estabelecimento de troca com a vida: ela me dá energia, eu faço dessa energia alguma palavra que me sirva. A palavra é seiva, embala o sopro que pode nos levar um pouco mais adiante. Sem ela, há definhamento.

Eu sou embebido de jorros de palavras que vão saindo em fluxos de caos, em pares organizados como prateleiras, e até nas lágrimas eu posso ver a coagulação de palavras em água. De tanto falar com ela, sobre ela e porque ela existe, sei que chego a este livro seguro de que pertenço à palavra.

Porque não houve certeza alguma disso, pelo menos até aqui. Eu posso dizer que cresci inclusive sendo dito como um excesso, como uma represa sem comporta, e que a fala me era por vezes um aposto incorreto. Uma professora da segunda série me colocou de frente para o quadro, sentado, de costas para a turma, em silêncio, porque eu tinha cometido o pecado de conversar demais. O que ela conseguiu foi que eu tivesse ainda mais palavras para falar do silêncio imposto. Nada me demoveu delas, portanto, apenas não tinha consciência de que elas me emolduravam como pele.

Quando você me vir por aí e quiser me abraçar, venha mesmo, "abracento" eu sou e estarei a postos. Mas é que, quando os braços se encontrarem, eu te prometo que você tocará em alguma palavra compactada em forma de tecido epitelial. Pode ser até que saia com alguma consigo, porque, você sabe, palavra é elo. É pele compartilhada.

O mais lindo é que a palavra serve para formar encontro, para chamar para a escuta e para tornar a vida mais comunitária. Sou ardente amante das palavras que convocam pessoas afastadas e que se amam a se verem. Tenho apreço interminável pelas palavras oferecidas, exibidas mesmo, que trazem a mão como carreador de um desejo de servir. Até quando a palavra serve para dizer "pode falar, estou aqui", ela é libertária.

Calar-se é também uma dimensão trazida intencionalmente por ela. Claro, tudo na vida fica melhor e mais genuíno quando não é samba de uma nota só. Palavra sem silêncio é um cobertor curto do encontro que poderia ser melhor.

Quando encontrei uma profissão que fizesse do som da palavra um tanto de escuta, foi como surfar na pororoca de ser gente grande. Passei a ler mais ainda, um tanto receoso de não saber lidar com as dores de quem me procurasse. Trabalhar com escuta e boas conversas com gente fez de qualquer noite um clarão, mesmo aquelas em que eu tinha que ir cansado para a faculdade, depois de trabalhar um tanto e tendo estudado nas madrugadas e fins de semana.

Como sou filho da palavra, ela se fez espaçosa e foi me tomando como um vento quente. Fui recebendo e aceitando o beijo da letra e do verso, da teoria e da conversa com as pessoas. O tempo viu esse furdunço bom e tratou de embaralhar mais as linhas do texto, e eis que me deu de escrever livros. Fui. Continuo indo. Não há destino final com a palavra. Nem este livro, que me faz renascer também. Sinto que viro correnteza e sou levado por elas, deixando que me guiem no leito que é meu peito de fazer brotos.

E ela faz jardim em minha terra de sonhar: palavra que vira livro, que vira sessão de terapia, que vira palestra, que vira programa de TV aos montes, que vira podcast. Que vira livro. E tudo vira a palavra num avesso que me faz contorno. E eu sinto o jardim da alma como margeado pela beleza.

Tudo que a palavra me deu eu dei de volta. Tudo o que fiz com ela até hoje foi ir além, não como meta, mas como destino natural. Fui conduzido a simplesmente derramar. E fui o filho que aprendeu que a palavra-mãe quer extasiar e alimentar o mundo. A palavra em mim é flor e é fruto.

capítulo 19
nada se desperdiça em uma história de vida

Caminhar é, ao mesmo tempo, deixar rastros, recolher coisas no chão que nem se imaginava encontrar, imaginar rotas e pisar com lentidão para entender todos os momentos de um movimento. Desde a desesperança, já fomos muitos. Emoções, memórias, sensações de uma jornada humana não se desperdiçam.

"Agora que tudo passou, eu só quero esquecer que passei por aquele inferno." Quando falamos assim, acreditamos que a vida se resume a uma metáfora gasta de superação, onde só importam os resultados, e o processo vale bem menos do que ter chegado num lugar melhor. Esse tipo de relação com o caminhar é injusto com a própria história. Porque nenhuma experiência que vivemos é descartável. Nada, nem as dores mais pungentes. Somos um emaranhado de tudo isso.

ATÉ O DESALENTO TEM COR

Não somos linha, somos novelo. Um novelo todo colorido, composto por pedaços de cores oriundas de situações muito díspares, que nos fazem confrontar a existência por distintos vieses. Nesse novelo estão as cores do desalento, da loucura, do desespero, da desistência, mas também as da amizade, da satisfação de estar em bons momentos, da lembrança de belezas esquecidas, do sonho, do desejo profundo de ser e merecer mais.

Depois de caminhar um tanto em busca de esperançar, o novelo está ainda mais cheio de cores. Pode ser que antes você percebesse o seu novelo como totalmente grisalho, cheio de sombras acinzentadas. Agora as cores lhe saltam com mais veemência ao coração. As cores do novelo de nós não são vistas pelos olhos, mas sim pelo coração.

Traga tudo para perto. Somos essas cores esparramadas pelo chão. A raiva, por exemplo. Ela é algo poderoso, cheio de viço, que nos conforta. A raiva é um alento: não somos impassíveis às injustiças, às violências, às intolerâncias, aos absurdos. Mas, como tudo que nos invade como fogo, tem seu preço. Ela pode nos queimar sem dó. Para não nos queimarmos com o fogo da raiva, é preciso transformá-la em vento nos pés, como o Menino Maluquinho. A raiva é o que nos faz maluquinhos: indignados, precisamos categoricamente produzir uma resposta ao que sentimos.

Sentir raiva é um alento, porque é dela que nascem as maiores inovações da existência. Não gostamos do que vivemos, não concordamos com algo do mundo à nossa volta ou com nosso mundo interno, e por isso mesmo o fogo vem, e somos invadidos por uma força que nos impulsiona. Usar a raiva indignada para mudar alguma coisa é ser compostagem viva no mundo. Por isso Paulo Freire dizia que o amor e a raiva estão irmanados. Ele me ensinou a desconfiar de qualquer amor que nos ensine a amansar as raivas.

Se a raiva nos impulsiona à inventividade que pode revolucionar a vida, o que podemos dizer da tristeza? Ela é a marca de que temos o direito de lamentar, porque perder é mesmo uma aprendizagem infinita. Nessa matéria somos estudantes que nunca passarão de ano – a não ser no dia da nossa morte, quando enfim entenderemos o que conseguimos aprender sobre desvencilharmo-nos de tudo.

Choramos porque perdemos, porque não conseguimos, porque fomos enganados, porque fomos cruéis, porque fomos piores do que achávamos que seríamos. A tristeza é uma reminiscência. Lembre, lembre mesmo, porque na memória existe uma prova de que você viveu. Esquecer seria o mesmo que negar a vida. As tristezas podem lhe trazer, na ardência da ferida aberta ou no queloide da cicatriz, uma placa de "pare" no chão lhe dizendo: "Tem certeza que quer continuar esse caminho? Para viver isso aqui *de novo*?".

Cicatrizes e feridas abertas nos lembram de que podemos escolher novas rotas, que há possibilidades para além dos sofrimentos conhecidos. Perceba que tristeza e medo podem também emparelhar conosco, fazendo belezas que não sentimos como tal. Mas é belo o efeito de cada emoção, apoiando-nos na trilha da vida.

E essa reflexão pode ser feita com a saudade, com o ciúme, com o desejo de vingança, com a compulsão, com a impulsividade. Nada que nos constitui mora do lado de fora. Tudo o que a memória produz é relíquia interna. Chegar à fase da flor e do fruto é poder respirar um pouco mais calmamente para poder transformar a memória em patrimônio.

Armazenar as memórias de forma honrosa é essencial à preservação da vida. Ter um lugar para voltar e fazer a visita quando quisermos, não somente para lembrar, mas para contar a história do que fomos e somos de um jeito novo. A cada nova fase da vida seremos outro. E, por isso mesmo, as palavras quererão sair de nossa boca fazendo outras frases para descrever o que aparentemente foi a mesma vida. Mas, para isso, precisamos de um pouco de calma, paciência, apoio e sobretudo ar.

Respire. Não tenha pressa de fazer nada aqui. Essa jornada não é uma maratona, mas uma caminhada. Uma caminhada lenta, cheia de lugares novos do lado de dentro e do lado de fora.

ESPECIALISTAS EM VIDA

Recolhendo tudo o que já fomos, sem desperdiçar nada, nadinha, constatamos que somos maiores do que imaginávamos. Há muita coisa aqui. Eu sou muito. Eu sou muitos. Eu fui inúmeras pessoas. Eu tenho experiências que, juntas, me contam uma história: sim, em você há hoje memórias, mas que antes foram dores e cores que te prepararam no meio do caminho para todas as pedras. Hoje você é especialista em vida. Hoje você sabe para você, para se preparar um pouco mais para si, mas também para além. Por que deixar tudo isso guardado aí, como um museu que abre as portas para a visitação?

A flor e o fruto estão germinando. Você está sentindo a necessidade de ofertar ao mundo um tanto de você, que é seu, que é você: há gente aí fora querendo escutar o que você tem a dizer. Basta ser flor, abrir-se para receber as visitas que vão te ajudar a polinizar sua generosidade, sua sabedoria, sua disponibilidade para o outro. Esperançar é polinizar, sem ter controle de onde sua nutrição vai chegar e o que ela vai fazer brotar. Porque ofertar-se é, também, ganhar mais e mais força para continuar as próximas jornadas de esperançar.

capítulo 20
ser beleza e nutrição transforma a estrada em círculo virtuoso

A solidariedade é nutrição para o coração que está voltando a esperançar. Num mundo tão individualista como o do século 21, somos solidários em reconstrução. Estamos prestes a perder a orientação da bússola da vida múltipla, colorida e coletiva e seguirmos no norte que privilegia somente nossos desejos, dos mais nobres aos mais sombrios, sem perceber que há outros ao nosso lado.

A liberdade e a autonomia de que nos falava Paulo é avessa a individualismos. Quer dizer que temos, sim, o direito a desejar e a sonhar, mas que teremos que negociar com as limitações e as possibilidades do mundo e das pessoas que nos rodeiam. Não somos o centro de nada. A liberdade não pode ser um conceito que dê salvo-conduto para individualismos baratos que saem caríssimo ao mundo. Milton tem uma música que eu amo, chamada "Olha", e veja o que ele canta:

Tu clamas por liberdade
Mas só aquela que te convém
[...]
Depois de passar o tempo
Colhe o deserto que é todo teu
Com todo teu preconceito
Segue pensando que enganas Deus

Quando ganhamos ar, podemos ser tempestade se não tivermos cuidado. A cultura individualista nos conclama a uma liberdade conveniente aos nossos desejos de poder. Flor e fruto é o momento da Jornada da Esperança de reaprender a estar em lugares de poder.

Lugares de poder são inúmeros: podem ser domésticos, com mãe, pai, filho, planta, cachorro, gato, casa, amigo. Mas também são lugares de poder as profissões adultas, que nos colocam em alguma hierarquia.

Quem somos, em uma sociedade tão estratificada, também configura lugares de poder. Nós não somos somente pessoas, somos lugares. Entender isso é evitar enganos que podem causar estragos. Ter consciência de nossos lugares de poder é fazer do lugar não um trono solitário, mas uma terra solidária.

O PODER QUE DESAPRENDE A GRITAR

Lugares de poder podem deixar de ser "poder sobre" o outro, e passarem a ser "poder com" e "poder para" o outro.

Esta ideia é muito boa: desencastelar aquilo que entendemos sobre o poder, que não é uma coisa ruim em si. O que é pérfido é o que o poder autoritário, presunçoso, egoísta, ardiloso e opressivo pode fazer. Somos muito vulneráveis a exercer esse tipo de poder, não nos enganemos. Há que se ter vigilância eterna em todas as camadas de poder sobre as quais ganhamos consciência.

Cansa, eu sei. Mas a solidariedade pode ser um descanso, uma beleza que nos desafia a horizontalizar a hierarquia. A produção do medo em quem está abaixo é o que aprendemos, já que somos, sim, uma cultura violenta. O tempo agora é o tempo de aprender a ser uma boa autoridade, um poder que quer desaprender a gritar para instilar medo. Ser flor e fruto é ser um poder que quer construir com e para o outro, e assim sonhar mais profundamente aquilo que desejamos para nós. O eu e o nós existem separados, mas, quando o abraço acontece, paradoxalmente eu entendo um pouco mais de mim e do que quero.

Somos parte. Somos laço, somos rio que deságua junto com outras águas. Há desembarcadouros para todos os desejos, e eles podem ganhar outras formas para acomodar também os desejos dos outros. Quando as águas se fazem foz, há um mar de futuros sendo feitos em conjunto. A solidariedade é uma força coletiva que se embeleza para produzir beleza. A solidariedade é um alimento que se dá e que se come no mesmo instante. Ao disponibilizarmos energia, tempo e coração ao mundo, crescemos e florescemos e frutificamos a própria autoimagem.

SEJA A BELEZA E O ALIMENTO

Ser flor é ser beleza. Há belezas em nós que querem e podem ser exibidas, sim. Mostrar-se, querer ser visto, é uma necessidade humana. Você pode escolher para quem, de que modo, mas mostre-se. Seja beleza para outro.

E por beleza estou falando muito mais do que somente a beleza da casca – que também tem seu valor na cultura, claro. Qualquer beleza nos serve. Lembre-se de tudo o que já te disseram que é bom, legal, valoroso, digno em você. Tenho certeza que há memória disso aí em você. Não é vaidade entender o próprio valor.

Se você já sabe quais são suas belezas, ótimo. Se não sabe, vá de volta ao caderno e se lembre das pessoas, que podem ser as desconhecidas, as íntimas, as que você viu uma vez ou inúmeras, as que estão ainda ou as que já se foram. Centre-se nas mensagens delas sobre as belezas que residem em você. Elas são a textura da sua flor.

Há pétalas de você esperando para embelezar o mundo. O mundo anda precisando, demais, da sua beleza. E você é reserva abundante disso, dessa materialidade. Coloque no mundo. Haverá um beija-flor, um só que seja, que fará par com a beleza disponibilizada por você. Toda beleza é convite para um beija-flor.

Ser fruto é ser nutriente. É o fim de "várias camadas de separação entre os corpos", como nos relembra Ailton. Nutrir é fazer circular a força que recebemos ou produzimos a partir do que recebemos. Passamos a ser uma casa sem paredes, numa disposição amorosa com a vida, como o mesmo Ailton me (en)canta. Ser fruto é quebrar as paredes que nos foram ensinadas, ser arquiteto da própria solidariedade.

Quem toca o meu coração? Quem eu desejo nutrir com a seiva que mora em mim? Que tipo de gente, bicho, planta, pedaço da natureza me dá vontade de ter por perto? A solidariedade não é necessariamente com humanos. Há gente que prefere o recolhimento com bicho e planta, com rio e pedra. Tudo bem. Quem disse que nós, humanos, ganhamos a roda da vida sendo centro do universo? É isso o que tem nos destruído.

Nutrir a vida é nutrir qualquer parte do mundo que você acredite que possa ser alimentado pelo seu desejo de estar em poder com o outro e para o outro. Esse outro pode ser qualquer outro. O rio é um outro. Um grupo de pessoas como você, portando as mesmas dores, é um outro. A cidade colapsada de dores e desvãos é um outro. Você já tem sabedoria acumulada o suficiente para entender que tipo de outro você quer por perto.

Alguns chamam isso de "vocação", mas Paulo me ensinou a chamar de liberdade. Liberdade para construir junto, para alinhavar manta nova que cobre algum desconforto. Nutrir é colocar em verbo, em ação, o desejo de ser para o mundo. Nutrir, ser fruto, é das belezas mais indizíveis do humano.

O MEDO QUE AFASTA

No meio da flor e do fruto, haverá medo. Escute-o. Pode ser que seja um tipo de medo que tem sido orquestrado para te impedir de ir adiante com sua beleza e força nutriente. O medo no século 21 tem sido produzido como parte de um projeto político individualista. Um medo que nos convida a achar o outro sempre uma ameaça, um indício de que a aproximação não vale. Estamos sendo ensinados, por esse projeto individualista e perverso, a temer o outro e não nos aproximarmos dele.

Esse tipo de medo, construído do lado de fora, é oferecido a nós como um produto que compramos sem perceber e sem sequer ter pedido, mas que foi passado como parte do consumo de ideias, na esteira dos dias. Esse medo quer que não vivamos a potência da dimensão coletiva da identidade. Esse medo tem horror a toda a Jornada da Esperança. Ele desacredita nisso aqui. Eu sei que ele existe, e está aqui ao meu lado e ao seu lado também. Como pessoa vivente neste século, tenho que entender isso para não me confundir.

Este livro demorou pra sair porque eu também fui vítima desse medo; ele entrou em mim durante um tempo e me levou para a Terra Seca em relação à minha própria escrita. Chegar ao final, aqui, com você, tem a ver com caminhar e perceber que esse medo invade e opera de forma impositiva, como se a mensagem da Esperança não pudesse acontecer em nossos dias. Por isso, eu já quero te agradecer por estar comigo, caminhando junto. Eu escrevi este livro inteiro imaginando você comigo, com todas as nossas humanidades coaguladas em um abraço. Ser "abracento" é uma das minhas flores e dos meus frutos. E você foi um beija-flor que chegou, aqui, antes mesmo de as páginas serem impressas.

Flor e fruto são uma fruição da vida onde tudo pode circular. "Cultivar o coração como quem cultiva um jardim". Eis o jardim. Você é o jardim. Seus desejos são o jardim. Sua disponibilidade para a vida é o jardim. Esperança é amor, em uma dimensão que reúne tudo de nós. Um amor suado, trilhado, cicatrizado e ardente porque também dói, sangra, ao mesmo tempo que faz a gargalhada chegar sem nenhum freio. Milton canta outra música deslumbrante, composição de Márcio e Lô Borges, "Quem sabe isso quer dizer amor", que, de tão maravilhosa, vai quase inteira, para você entender suas flores e seus frutos, e o lugar deles no ciclo da vida.

Cheguei a tempo de te ver acordar
Eu vim correndo à frente do Sol
Abri a porta e, antes de entrar
Revi a vida inteira

Pensei em tudo que é possível falar
Que sirva apenas para nós dois
Sinais de bem, desejos vitais
Pequenos fragmentos de luz

[...]

Eu simplesmente não consigo parar
Lá fora o dia já clareou
Mas se você quiser transformar
O ribeirão em braço de mar

Você vai ter que encontrar
Aonde nasce a fonte do ser
E perceber meu coração
Bater mais forte só por você

O mundo lá sempre a rodar
Em cima dele tudo vale
Quem sabe isso quer dizer amor
Estrada de fazer o sonho acontecer

    O amor conquistado pelo caminhar rumo à Esperança é seu mais novo patrimônio existencial. Ofertar-se como flor e como fruto fecha um ciclo que se retroalimenta. Você foi nutrido quando estava na Terra Seca, agora é nutrição para outros. Você esteve umedecido pelas mãos que foram auxílio, agora é braço estendido em direção a algo que não sejam os seus desejos. Sincronicamente, abrem-se os caminhos da autonomia e da liberdade para desejar, sonhar, viver.

    O tempo é o solo fértil que nos colocará novamente em alguma ou em todas essas fases da jornada. O tempo é um círculo que nos convida, sem pressa alguma: é sempre hora de recomeçar a caminhar.

capítulo 21
um fim que brota inícios

De repente, a floresta toda virou um canto e o canto virou a floresta. Meus pés pisam suavemente a folhagem, cujo ruído é mesmo um aplauso para os três homens que me fitam, sentados nas raízes de uma árvore imensa. Árvores são o que mais nos leva ao céu que jamais alcançaremos. Raízes são tronos, que se dispõem à generosidade de estar na superfície para que possamos pisar o céu através delas. Paulo, Ailton e Milton estão ali; o sorriso deles me abraça, o silêncio faz da cena uma oração. Essa cena poderia ser um sonho, mas não estou nem dormindo nem alucinando. Sonhar não cabe somente nessas duas descrições. É um ato pulsional de estarmos vivos.

A floresta permite que eu compreenda que aqueles três homens são árvores, são céu, mas mesmo assim trazem água nos olhos. Não são olhos indiferentes, calcificados pela rudeza dos nossos tempos. Eles são imortais e atemporais. Eles têm tempo para sentir. E sentimento é nascedouro de água. Os olhos úmidos dos três me fazem chorar, mas continuo meus passos. Não desvio meu destino, meu sorriso de menino não vai mais se esconder. Olho para Paulo, Ailton e Milton em meio à floresta, e eles se fundem a ela como uma espécie de harmonia das formas oferecida aos meus olhos. Não tenho mais pele. Sou uma mistura de vento com o toque da lágrima, de suor com coração em desalinho.

Não sei se o que faço agora é caminhar. Sinto-me prostrado diante do altar da vida. É como se meus joelhos passassem a ser os pés. É como se a reverência fosse a única alternativa para o fato de eu estar ali, em meio à floresta, ao céu, ao infinito que orvalha em Paulo, Ailton e Milton. Não sei se sei caminhar assim. Duvido disso como um pensamento, mas algo em mim intui que há caminho para ser feito. As folhas no chão continuam ovacionando os seus barulhos para os três, e são húmus para mais um passo. Eu cheguei até aqui porque eles foram as raízes que ancoraram minhas palavras.

A floresta sorri em seus encantos: pássaros, farfalhar de outras árvores, brisa, barulho de água, pedra, bicho, formiga e... nada. Há espaços que são imensidão e nada ao mesmo tempo, e por isso são tão temíveis. O que consegue ser infinito está preenchido por inúmeros abismos cheios de nada. Cada passo ali me engole como um vão e como alimento. É possível continuar; sei que posso parar quando quiser. Mas o olhar deles me convoca suavemente. Eles pisam suavemente sobre a Terra com os olhos úmidos.

Enquanto caminho, eles três me observam sem desviar os olhos, porque sabem que são árvores, e árvores não se desviam de seus destinos. Árvores se fincam num chão que percorre qualquer tempo do relógio, justamente para conversar com gentes de todas as épocas. Árvores mostram que elas são as que permanecem, enquanto nós somos os que caminhamos. Elas desfiam o rosário de nossa vida sem sentido, alertando que ele precisa mesmo ser buscado em jornadas múltiplas e sem nenhuma garantia de chegada.

Dou mais alguns passos, e de repente as folhas param de aplaudi-los e passam a querer escutar. O vento quer sair da minha boca, a palavra quer agradecer, porque há que se cuidar da vida.

A aurora nova nasce em mim como palavra. Sou uma manhã que ainda está em sua primavera. Olho para Paulo e digo: "Paulo, você é meu coração de estudante. Você me ensinou a ser aprendiz e a querer continuar a sê-lo, em cada um dos segundos que ainda me vierem como dádiva. Você me ensinou a caminhar na direção do sonho. Alegria e muitos sonhos, espalhados no caminho, como folhas no chão que nem se notam, mas que podem ser escutadas se ali pisarmos os pés".

Entre as falas para cada um, há silêncios que não são abismos, e sim chuvas. O silêncio pode ser uma chuva que molha o tempo e faz os sentidos se apurarem.

"Ailton, você traz o tom da caminhada. Eu aprendi a caminhar no tempo com a sabedoria dos seus silêncios, com o ritmo da sua palavra que não avança a velocidade sutil da rede que abraça a conversa. Você pode estar aqui do lado, bem mais perto que eu sequer pensaria. Você é a folha da minha juventude de agora, um nome certo para o amor que sinto pela vida. Meus pés são aprendizes da sua pisada suave sobre a Terra. Você me ensinou a cultivar o jardim do meu coração. O que sou hoje é a mistura das águas, das suas mãos, do broto, da flor e do fruto que você germinou em mim". Mais silêncio. Não consigo olhar diretamente para Milton. Preciso chorar um pouco mais. Milton me leva às lágrimas, mesmo com a memória silenciosa do que ele cantou em toda a história que precedeu esta cena. Caio no chão, também suavemente. Agora tenho os joelhos caídos, as folhas recebendo-os com conforto e assim posso sentir: a música não é menos importante que qualquer ideia acadêmica. A arte é uma árvore sutil, que traz o céu para passear em nós como uma experiência, mais que como um momento.

"Milton, sua música... sua música..."

Eles começam a cantar. Eu choro um pouco mais, enquanto escuto os três entoando "Coração de estudante". Aos poucos, vamos cantando juntos, enquanto a floresta é quem passa a fazer silêncio. Cada elemento daquela ecosfera de bondade quer escutar o canto da Esperança. Os versos vão acontecendo, em uma alquimia profunda de tempos, sentidos, estranheza e mistério. Meus sentidos vão me guiando, sem a menor intencionalidade consciente, a levar o que tenho em mãos para Paulo, Ailton e Milton, e é Milton quem canta "Coração de estudante".

Coração de estudante
Há que se cuidar da vida
Há que se cuidar do mundo
Tomar conta da amizade
Alegria e muitos sonhos
Espalhados no caminho
Verdes, planta e sentimento
Folhas, coração, juventude e fé

Os três tocam meus ombros. Os olhos deles estão ainda mais úmidos, e suas lágrimas não precisam cair para ser a água do broto que trago nas mãos. Eles recebem, com as mãos em concha, o broto que trago com um pouco de terra, que já faz seu caminho de escorrer pelos meus dedos.

Agora nem sei mais se o broto é Esperança ou se são meus sonhos de menino. Alguns deles já escorreram com o tempo, outros desapareceram na aridez inevitável, mas muitos deles já encontraram árvores que os ligam ao céu por um instante. Se o broto é sonho, é real o abraço que eles agora me dão. Não quero que esse abraço termine, aninhado a estes três. Não há silêncio ali que não seja feito de amor. Paulo, Ailton e Milton são o nome certo desse amor. Meu coração de estudante pode sorrir, andarilho que é, feliz de também ser a aurora de cuidar de novos brotos. Passo a ser um sentimento verde, em folha, com fé naquilo que ainda pode ser feito. O fim do mundo pode ainda ser adiado, o esperançar continua acessível em nós.

Mas há que se cuidar do broto. Ainda há brotos. Olho em volta, e sinto as folhas espelharem rostos. São histórias humanas, são pessoas querendo ser flor e ser fruto. Elas são milhões. Elas estão por todos os lados. Agora são folhas secas, mas estão prestes a serem recolhidas por alguém que cuide do desalento delas. Há que se cuidar do mundo, da amizade, da árvore, do vento, do tempo, do céu.

Paulo, Ailton e Milton sorriem com a leveza da imortalidade, e desaparecem para dentro de mim. Não é estranho tê-los neste novo lugar, mais oceânico. Eles são um mar em que a eternidade se banha. A palavra imortal precisa virar corpo, em quem está ainda com disposição para caminhar suavemente. Agora eles são uma imensidão que conversa com meus abismos, um suspiro que avança sobre meus medos, a ternura que apoia meus afetos ressequidos. O broto se faz céu, que mora no mais que humano em mim. Eles são agora meu coração, minha juventude e minha fé.

uma carta que brota ao final

Que bom que você veio. Agora eu posso te abraçar. O longe de onde você veio é um tempo que parecia interminável. Eu vejo seus pés em bolhas do mesmo jeito que vejo suor e alívio, sorriso e olhos mais pacificados. Eu sinto inclusive alguma confusão ainda, porque você sempre a terá consigo. Ninguém chega definitivamente a mim. Eu vim até você, eu também decidi fazer um caminho para conversar com você. Muito prazer, eu sou a Esperança.

Você entendeu que eu não sou um pedido, não sou uma luz que se recebe por sorte ou fé. Não sou um presente. Não chego nem a ser um futuro, se pensarmos bem: não pertenço a tempo algum que já esteja formatado em alguma caixinha de ideia preconcebida. Eu sou uma intenção. Eu sou uma intenção de deslocamento. Eu sou um impulso que existe em você, ao sentir-se refugiado em sua própria carne.

Quem tem fome busca o alimento que vai nutrir. Você tinha uma fome estranha, que nem sabia a que apontava. As fomes estranhas são as melhores: chamam a angústia para se movimentar. A sua fome estranha, de algo que agora talvez já tenha nome, foi o impulsor da locomoção. Eu sou o trem que te leva a um lugar que não termina nunca de chegar.

Nessa andança, você precisou se desfazer da ideia de que eu sou o mesmo que otimismo. De jeito nenhum, eu não sou o otimismo. O otimismo é uma simplificação de mim. O otimismo pode ser muito conservador, muito fatalista, do mesmo jeito que o pessimismo. Eu inclusive não recomendo que você se ancore demais no otimismo, porque ele é um encosto que quebra muito rapidamente. Uma frase feita que não alimenta complexidade humana alguma. Eu sou um compromisso. O otimista não se compromete, ele acredita no destino, no universo, em algo que não sejam suas capacidades de se deslocar com o próprio coração.

Eu sou um compromisso corajoso. Você não precisou de coragem pronta, pré-fabricada, disponível, para começar a caminhar. Ela foi acontecendo em você como um plantio feito pela própria disposição em sair do desalento. A coragem é um broto que nasce em você antes do broto da Esperança.

Eu não sou o contrário da melancolia, nem da maturidade. Eu posso estar num menino, num moleque que mora no coração de qualquer idade. Você tem um espírito capaz de esperançar, basta desacreditar que ser maduro é ser melancólico. Envelhecer traz sim o germe da amargura, e contra isso há que lutar a boa luta, há que caminhar outra e outra vez o caminho que você acabou de aprender a fazer com alguma consciência. Eu prefiro que você me sinta como um toque de leveza possível, uma gota de alegria que chega para margear alguma água turva demais que esteja te inundando.

Eu sou uma forma de vida coletiva, política e filha do coração. Eu aconteço quando você põe o coração em cima da cabeça. Eu gosto de pisar suavemente sobre a Terra. Eu sou uma conversa na rede, eu sou o prazer de estar vivo, de dançar, de cantar. Eu sou o seu direito a voltar a sonhar. Eu sou uma necessidade. Eu sou um reencontro. Eu sou uma busca para realinhar inúmeras distorções que vão se acumulando em você. É uma distorção imaginar que viver seja só isso. Eu sou o lugar que te relembra que pode ser muito mais.

Eu conheço o abismo da desistência – lá é meu nascedouro. Eu não sou ingênua, nem posso me dar ao luxo de ser. Afinal, eu nasci como necessidade em um mundo que despreza o que precisaria amar. Desistir é humano. Eu nasço em uma secura que é como uma brincadeira com a "Cajuína" de Caetano: "Desistirmos, a que será que se destina?".

Não há nenhum sonho que resista o tempo todo ao que a vida te impõe como desafio. Desistir é um quase destino que pode te alertar: o caminho não é exatamente esse. Tome outro destino, porque ele não está dado. Desistir é um grito que clama por outro destino. Você não chegou até mim sem escutar os abismos da sua desistência. O mundo tem tirado você rápido demais dos abismos e das falas da desistência. Toda vez que você fizer isso, terá encerrado a jornada antes mesmo dela começar.

Eu sou uma forma de amar estranha. Eu começo te jogando na Terra Seca, como se te abandonasse à revelia da própria secura. Mas eu jamais te abandonarei; é que você é feito dessa secura não escutada, não conversada, não assumida. De repente, você entende que é feito também de gente, de laço, de afeto, tecido ou por ser costurado. A Terra Úmida é um lugar bom de sentir as águas. Lágrimas de todo tipo, que contam histórias, que derretem o que era pedra de rigidez. E aí veio o Broto, e depois a Flor e o Fruto. Foi tudo acontecendo como uma música. A música que você foi *compondo veio da sua vontade de pisar suavemente sobre a Terra da sua liberdade.*

Agora eu quero te abraçar. Você chegou, e eu te prometo que não terá sido o fim. Porque a estrada não é uma linha, mas um círculo, uma espiral, um tempo fundido sem passado, sem presente e sem futuro bem definidos. Você chegou a este lugar belo porque estranho, em que a memória vale tanto quanto a lágrima ou o sorriso de agora, tanto quanto o sonho ou a imaginação. Você chegou a um lugar não físico, mas um estado de espírito.

Eu sou esse estado de espírito, conquistado com o suor que cai na sua pele como respiração que é filha do caminhar. Eu sou esse estado temporário, e não prometo mesmo ser eterna. Eu sou um aqui e agora: aproveite porque eu vou embora, porque não mando na vida. Eu não sou a vida, sou filha dela. A vida é maior do que nós todos. Em pouco tempo, pode ser que você e eu estejamos juntos na Terra Seca, em desalento contumaz, mas agora com a memória de ter chegado a ser Terra Úmida, Broto, Flor e Fruto.

Dê honradez a mais esta memória. Você chegou. Eu não sou uma cicatriz pura: sou amálgama de cores e dores. Você chegou. Eu sou o abraço que você merece receber, por ter conseguido se disponibilizar a caminhar.

Agora eu posso dizer o que você precisava entender: a liberdade é árida, a autonomia é úmida, o alívio é um broto e a Esperança é uma flor e um fruto. Estamos agora os dois, juntos. Você quer caminhar comigo? Há mais gente precisando de nós. Há muita gente desertificada por aí. Eu estive com você o tempo inteiro. Agora eu quero te chamar para fazer tudo de novo, por você e por uma imensidão. Eu sou a imensidão do mundo que pode morar em um passo tímido, num caminho de fazer brotar o que não tem certeza, nem nunca terá, e que não tem tamanho.

Vamos juntos, mas cantando. Eu sou uma música. Ela se chama "Coração de estudante".

Sempre brotando onde sou semeada,

Esperança.

posfácio

Nós Indígenas encontramos na Natureza a Mãe, a divindade suprema que, ao mesmo tempo que é forte e imponente, é também elegante e charmosa. Olhamos para ela como um bebê olha para sua mãe. Observamos suas montanhas como grandes seios que jorram água da vida com suas nascentes, como uma cuidadora que dá aconchego e carinho.

A Mãe Natureza nos permite conhecê-la, e, à medida que aguçamos nossa curiosidade na busca do saber, em meio a nossa incompletude, vamos questionando, teorizando, analisando e concluindo... até que outra criança, tão curiosa quanto nós, nos questione quanto as nossas verdades e a brincadeira do aprender recomece. Para os Povos Originários a Mãe Terra é sábia e ensina, principalmente, que toda verdade absoluta é uma prisão.

Setenta por cento do nosso corpo é água. Temos em nós zinco, cálcio e fósforo, que são elementos da terra. Um corpo quente é um corpo vivo (calor). Todas as células do nosso corpo contêm partículas de ar. E tudo isso comprova que somos Natureza, somos parte, e não o centro, e não o topo da pirâmide, e não melhores que todos os outros.

Plantar a Esperança é compreender que o todo é mais que a soma das partes e relembrar que, para cada semente germinar, é necessário primeiro se abrir para fincar as raízes e, só depois, crescer. A saída é pra dentro e depois experimentamos, experienciamos, compreendemos o solo em que estamos inseridos: solo pessoal, social, familiar, espiritual e tantos outros que possam existir. Só depois disso entendemos melhor o valor do fruto que ofertamos ao mundo.

A Esperança é uma Árvore, um ipê que é fácil ser percebido na floresta, um jequitibá com sua imponência e elegância ou talvez uma bromélia que está ali no colo de outra árvore aproveitando sua seiva da vida. É uma árvore pela sua capacidade de buscar o sol a todo custo e fazer sombra para aqueles que necessitam de menos luz.

A Esperança é Adubo, húmus da humanidade. Plantar a Esperança é promover diálogos entre o micro e o macro, desde a semente até a árvore, do galho ao ninho, entre a terra e as fases da lua, entre o sagrado e o profano, entre o "eu" e o nós, entre o "eu" e o Todo.

As Árvores não andam, mas estão ligadas a todos os lugares.

Alexandre, meu querido irmão Xande, é uma Árvore porque tem suas raízes fincadas no poder ancestral, e as utiliza para fazer conexões entre passado e presente, ainda projetando futuros. Dispõe delas também para fortalecer outras árvores, para manterem-se de pé. Ele é árvore porque quando seus galhos foram quebrados sentiu dor e, com o tempo, descobriu que estava crescendo. Ele é árvore porque sua copa abriga ninhos que são segurança para outras vidas. Ele é árvore porque nunca perde tempo de semear e permite que outros seres semeiem juntos. Ele é árvore porque, assim como os Povos Originários, após sua passagem por essa grande Mãe, será também adubo para o solo e mais um sábio na morada dos Encantados.

Ele é Árvore e nos lembra que *A Esperança a gente planta*.

Ubiraci Pataxó
Cuidador de pessoas, aprendiz de pajé,
palestrante e terapeuta comunitário

referências

ACIOLI, Socorro. *Oração para desaparecer*. São Paulo: Companhia das Letras, 2023.

AMARAL, Alexandre Coimbra. Uma carta da raiva, irritada por ser silenciada em tantos corpos. *In*: AMARAL, Alexandre Coimbra. *Cartas de um terapeuta para seus momentos de crise*. São Paulo: Paidós, 2020. p. 101.

BECKER, Ernest. *A negação da morte*. 3. ed. Rio de Janeiro: Record, 2007.

BAK – Biblioteca do Ailton Krenak. Disponível em: https://selvagemciclo.com.br/bak-biblioteca/. Acesso em: 10 jan. 2024.

BOLA de meia, bola de gude. Intérprete: Milton Nascimento. Compositores: Fernando Brant e Milton Nascimento. *In: Miltons*. Intérprete: Milton Nascimento. [*S. l.*]: CBS, 1988. 1 disco, faixa 9.

CALLIGARIS, Contardo. *O sentido da vida*. São Paulo: Paidós, 2023.

CHÖDRÖN, Pema. *Quando tudo se desfaz*: orientação para tempos difíceis. Rio de Janeiro: Gryphus, 2021.

CHUL HAN, Byung. *O espírito da esperança*: contra a sociedade do medo. Petrópolis: Vozes, 2024.

EAGLETON, Terry. *Esperança sem otimismo*. São Paulo: Unesp, 2023.

CORAÇÃO de estudante. Intérpretes: Milton Nascimento e Wagner Tiso. Compositores: Milton Nascimento e Wagner Tiso. *In: Coração de estudante*. Intérprete: Wagner Tiso. [S. l.]: Polygram/Philips, 1985. 1 disco, faixa 1.

FREIRE, Paulo. *Educação como prática da liberdade*. Rio de Janeiro: Paz & Terra, 2014.

FREIRE, Paulo. *Educação e mudança*. Rio de Janeiro: Paz & Terra, 2020.

FREIRE, Paulo. *Pedagogia da autonomia*: saberes necessários à prática educativa. Rio de Janeiro: Paz & Terra, 2019.

FREIRE, Paulo. *Pedagogia da esperança*: um reencontro com a pedagogia do oprimido. Rio de Janeiro: Paz & Terra, 2020.

FREIRE, Paulo. *Pedagogia da solidariedade*. Rio de Janeiro: Paz & Terra, 2021.

FREIRE, Paulo. *Pedagogia do oprimido*. Rio de Janeiro: Paz & Terra, 2019.

GROS, Frédéric. *Caminhar, uma filosofia*. São Paulo: Ubu, 2022.

HALIFAX, Joan. *À beira do abismo*: encontrando liberdade onde o medo e a coragem se cruzam. São Paulo: Lúcida Letra, 2021.

KARNAL, Leandro. *A coragem da esperança*. São Paulo: Planeta, 2021.

KRENAK, Ailton. *A vida não é útil*. São Paulo: Companhia das Letras, 2020.

KRENAK, Ailton. *Futuro ancestral*. São Paulo: Companhia das Letras, 2022.

KRENAK, Ailton. *Ideias para adiar o fim do mundo*. São Paulo: Companhia das Letras, 2020.

KRENAK, Ailton. *O amanhã não está à venda*. São Paulo: Companhia das Letras, 2020.

KRENAK, Ailton. *Um rio, um pássaro*. Rio de Janeiro: Dantes, 2023.

LIMULJA, Hanna. *O desejo dos outros*: uma etnografia dos sonhos Yanomami. São Paulo: Ubu, 2022.

MORI, Serge; ROUAN, Georges. *As terapias narrativas*. São Paulo: Loyola, 2018.

PESSOA, Fernando. *Livro do desassossego*. São Paulo: Companhia de Bolso, 2023.

PHILLIPS, Adam. *Sobre desistir*. São Paulo: Ubu, 2024.

OLHA. Intérprete: Milton Nascimento. Compositor: Milton Nascimento. *In: Ânima*. Intérprete: Milton Nascimento. [S. l.]: Ariola/Polygram, 1982. 1 disco, faixa 4.

PRADO, Adélia. Paixão. *In:* PRADO, Adélia. *Poesia reunida*. 7. ed. Rio de Janeiro: Record, 2015. p. 146.

QUEM sabe isso quer dizer amor. Intérprete: Milton Nascimento. Compositores: Lô Borges e Márcio Borges. *In: Pietá*. Intérprete: Milton Nascimento. [S. l.]: WEA, 2002. 1 CD, faixa 5.

RIBEIRO, Sidarta. *O oráculo da noite*: a história e a ciência do sonho. São Paulo: Companhia das Letras, 2019.

RIBEIRO, Sidarta. *Sonho manifesto*: dez exercícios urgentes de otimismo apocalíptico. São Paulo: Companhia das Letras, 2022.

SOCORRO. Intérprete: Arnaldo Antunes. Compositores: Arnaldo Antunes e Alice Ruiz. *In: Um som*. Intérprete: Arnaldo Antunes. [S. l.]: BMG, 1998. 1 CD, faixa 6.